本书获惠州学院博士科研启动项目"教育领域中的表达性……
（项目编号：2022JB077）、惠州学院 2024 年高等教育……
治疗团体辅导在《大学生心理健康教育》混合式课程……

表达性艺术治疗团体辅导
在学校领域的设计应用研究

郑秋强◎著

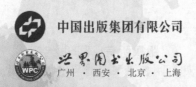

中国出版集团有限公司

世界图书出版公司

广州·西安·北京·上海

图书在版编目（CIP）数据

表达性艺术治疗团体辅导在学校领域的设计应用研究 /
郑秋强著. -- 广州：世界图书出版广东有限公司，
2024.12. -- ISBN 978-7-5232-1829-7

Ⅰ. G444

中国国家版本馆 CIP 数据核字第 202412FP44 号

书　　名	表达性艺术治疗团体辅导在学校领域的设计应用研究
	BIAODAXING YISHU ZHILIAO TUANTI FUDAO ZAI XUEXIAO LINGYU DE
	SHEJI YINGYONG YANJIU
著　　者	郑秋强
责任编辑	冯彦庄　张梦婕
装帧设计	叶杨杨
责任技编	刘上锦
出版发行	世界图书出版有限公司　世界图书出版广东有限公司
地　　址	广州市海珠区新港西路大江冲 25 号
邮　　编	510300
电　　话	（020）34201967
网　　址	http://www.gdst.com.cn/
邮　　箱	wpc_gdst@163.com
经　　销	新华书店
印　　刷	武汉鑫佳捷印务有限公司
开　　本	787 mm × 1092 mm　1/16
印　　张	12.75
字　　数	193 千字
版　　次	2024 年 12 月第 1 版　　2024 年 12 月第 1 次印刷
国际书号	ISBN 978-7-5232-1829-7
定　　价	76.00 元

目　录

第一章　概述

一、相关概念

（一）表达性艺术治疗

表达性艺术治疗（expressive arts therapy），又称"表达性艺术疗法"，是以绘画、音乐、舞蹈、戏剧等艺术形式为主要媒介，注重当事人创造性表达、情感体验和意象探索的一种心理咨询与治疗的技术。相较传统的以语言为媒介的心理咨询与治疗，表达性艺术治疗结合绘画、音乐、舞蹈、戏剧等艺术形式，为当事人提供一个自由表达、探索和整合内在感受的空间。通过参与艺术活动，当事人能够深入地探索和认识自己的情感、思绪和生活经验，从而实现自我发现和表达，进一步促进自我意识的提升、情感的宣泄和心灵的成长。

表达性艺术治疗既适用于个体心理咨询和治疗，也可应用于团体辅导，其应用广泛且多元，在医疗领域、教育领域、司法领域、福利领域及社区工作领域等多个场景中都得到了有效的实践验证。其受众不受年龄、性别、文化背景或身体状况的限制，可为各种不同群体提供心理健康促进的支持。

（二）团体辅导

团体辅导（group guidance）是"团体心理辅导"的简称，是在团体情境中提供心理教育与辅导的专业助人方式。团体辅导注重体验性、参与性、互动性与合作性，通过创造一个安全、亲密和非评判的空间，在团体领导者的带领下，围绕团体成员的心理困扰或相似的成长议题，引导成员间开展深度的交流与互动，表达自己的感受与看法，并从其他成员的反馈中获得共鸣与支持，从而更好地接纳自己、理解他人，实现情感支持、个人成长和心理健康的提升。

根据不同的理论取向及技术原理，团体辅导可以呈现不同的表现形式，具有灵活性与多样性。当前，不同形态的团体辅导已在多个领域得到有效的实践验证，包括但不限于医疗领域、教育领域、公共服务领域、军事领域、司法领域、工商业领域、福利领域、社区工作领域，其受众覆盖不同年龄阶段、性别、文化背景和身体条件的人群。

（三）表达性艺术治疗团体辅导

表达性艺术治疗团体辅导结合了表达性艺术治疗与团体辅导二者的理念与技术，既可以理解为表达性艺术治疗通过团体辅导的方式进行工作，也可以看作在团体辅导中借助表达性艺术治疗作为互动和交流的媒介。具体而言，表达性艺术治疗团体辅导是在团体领导者的带领下，在团体情境中使用绘画、音乐、舞蹈、戏剧等艺术形式作为媒介，通过艺术创作与人际交互的结合，旨在帮助团体成员表达情感、探索自我、处理心理困扰、提升社交技能并促进心灵成长的一种助人方式。

作为一种融合性的助人方式，表达性艺术治疗团体辅导展现了一系列独特而鲜明的特征：

第一，表达性艺术治疗团体辅导兼具非语言与语言的表达特色。在团体中，成员不仅通过艺术形式（如绘画、舞蹈或音乐）进行直观且深层的非语言表达，还会通过语言表达描述和解读自己或他人的艺术作品，深化对自我和他人的认识。

第二，表达性艺术治疗团体辅导具有显著的整合性和灵活性。团体辅导既可以采用单一的表达性艺术疗法的技术进行，也可以采用多种表达性艺术治疗的技术联合或交替进行。例如，在开展大学生情绪管理的团体辅导时，团体领导者可以始终采用绘画治疗的技术进行，也可以采用绘画治疗与音乐治疗、舞蹈治疗等方式交替进行或有机融合。

第三，表达性艺术治疗团体辅导强调过程而非结果。与其他形式的团体辅导不同，表达性艺术治疗团体辅导更注重的是成员在艺术创作过程中的体验，而不仅仅是创作的最终作品，对团体成员是否有艺术背景，最终完成作品的艺术水平并不做考量。这种强调让团体成员更加关注自己的内心体验，同时减少因为担心结果不好而带来的压力或焦虑。

第四，表达性艺术治疗团体辅导强调团体成员的合作与共鸣。在团体中，通过在场共同体验或合作完成艺术创作活动，团体成员之间的情感能够得以更好地呈现与表达，借由在艺术活动中的相互融合和人际交互中的反馈，成员能增强彼此的情感连接和理解，更有机会感受到来自他人的支持与共鸣，从而增强团体内部的凝聚力。

二、应用优势、设计原则及应用领域

（一）表达性艺术治疗团体辅导在学校领域中的应用优势

1. 多元表达，打破语言限制

在传统的心理辅导中，语言通常是主要的沟通工具。然而，许多学生在面临心理困扰时，可能无法通过语言准确表达内心的感受与想法。表达性艺术治疗团体辅导通过绘画、音乐、舞蹈、戏剧等多种艺术形式，为学生提供了更多样的表达途径。这种非语言的方式能够帮助学生突破语言表达的限制，让他们在没有语言障碍的情况下自由地表达内心世界。这对那些语言表达能力较弱，或者不愿意直接通过语言表达自己感受的学生来说尤为重要。通过艺术创作，学生能够以他们感到舒适的方式外化内心的情绪和想法，从而更好地应对心理压力。

2.趣味驱动，激发参与热情

艺术活动本身具有很强的吸引力和趣味性，尤其在学生群体中。这种趣味性能够有效提高学生的参与积极性，使他们更愿意投入到辅导的过程中。在团体辅导中，通过参与艺术创作，学生能够以一种轻松且愉快的方式进行心理探索和情感表达，这不仅有助于减少学生的抵触情绪，还能激发他们的创作欲望和表达意愿。尤其在学校环境中，充满趣味的艺术活动可以让学生们从繁重学业中得以休憩，帮助他们以更积极的心态面对心理辅导。

3.氛围安全，营造接纳环境

表达性艺术治疗团体辅导的一个重要特点是它所营造的安全和非评判性环境。在艺术创作的过程中，因为团体辅导强调过程而非结果，所以学生不必担心他人对自己作品的评价。这种环境使学生感到被接纳和被尊重，减少了他们在表达自我时的焦虑和防御心理。在一个安全、接纳的氛围中，学生更容易放下心理防备，敢于表达自己的真实感受和内心困扰，进而使其辅导效果更加显著。通过这种方式，学生在团体中感受到支持和理解，这对于他们的心理健康发展至关重要。

4.团体合作，增强情感连接

团体辅导强调学生之间的互动与合作。在表达性艺术治疗团体辅导中，学生们通过共同参与艺术创作，建立起深厚的情感联系和归属感。这种合作不仅限于完成作品本身，还包括在创作过程中的意见交流、情感分享和相互支持。通过这些互动，学生们能够感受到来自同伴的支持与理解，从而增强团体的凝聚力和归属感。这种情感连接有助于学生在团体中获得更多的心理支持，同时也提高了他们的人际交往能力和团队合作精神。

5. 自我探索，促进自我接纳

艺术创作是学生进行自我探索的重要途径。通过绘画、音乐、舞蹈等形式的创作，学生能够深入探索自己的内心世界，更清晰地认识到自己的情感、需求和价值观。这种自我探索不仅有助于学生更好地理解自己，也有助于他们逐步接纳自我的独特性与不足。在这个过程中，学生能够提升自我认知和自我接纳的能力，从而促进心理健康发展。通过在艺术创作中面对自己的内心，学生学会了如何与自己相处，并逐步形成积极的自我认知。

6. 整合性强，兼容多种疗法

表达性艺术治疗团体辅导的显著优势还在于其整合性和灵活性。团体辅导的领导者可以根据学生的需求和团体的具体情况，灵活运用各种艺术形式，甚至将多种艺术形式相结合，形成有机的整体。例如，在一个情绪管理的团体辅导中，辅导者可以交替使用舞蹈和戏剧的方式，帮助学生通过不同的艺术途径表达和管理情绪。这种整合性使得表达性艺术治疗团体辅导能够最大限度地满足学生的个体需求，提供更加个性化和有效的心理支持。

（二）表达性艺术治疗团体辅导在学校领域中的设计原则

在表达性艺术治疗团体辅导方案的设计与实施过程中，多个关键因素共同作用，以确保团体辅导的有效性与学生的心理健康发展。以下将深入探讨九项核心原则，每一项原则都从不同的角度出发，为团体领导者提供清晰的指导，从而实现表达性艺术治疗团体辅导的最佳效果。

1. 安全保障，信任构建：奠定团体辅导的坚实基础

在设计和实施表达性艺术治疗团体辅导方案时，安全保障和信任构建是至关重要的基础。这不仅包括活动场所的物理安全，更重要的是学生心理和情感上的安全。学生只有在一个他们感到安全的环境中，才能放下防备，自由地表达内心的想法与情感。因此，团体领导者在一开始就需要营

造这样的氛围，确保学生感到被尊重、被接纳，并且明白在这个空间内他们的表达不会受到评判。

安全保障体现在环境的选择上。团体领导者应根据学校的实际情况，选择一个安静、私密、不易被打扰的场所，让学生感受到独立与专属的空间。这种环境不仅能减少外界的干扰，还能帮助学生集中注意力，更好地进入团体活动。此外，团体领导者需要在活动开始前对场地进行必要的检查，排除潜在的物理危险，如尖锐物品、松动的器具等，以确保活动顺利进行。

在心理安全方面，团体领导者的角色尤为关键。他们需要通过温和、友好的态度，展示出对学生的关怀和理解，让学生感受到团体领导者是真正为其着想的。在活动的初期，团体领导者可以通过简单的互动或破冰活动，帮助学生逐步放松心情，消除紧张感。在此过程中，团体领导者应特别关注学生的情绪变化，并及时给予支持和鼓励。

构建信任不仅需要团体领导者与学生之间的互动，还需要学生之间的互相理解与支持。团体领导者可以设计一些团队合作的活动，让学生在共同的目标下展开合作，逐步建立起信任感。当学生感受到来自团体的支持时，他们会更愿意分享自己的感受，并从中获得情感上的释放与成长。

总之，安全保障和信任构建是表达性艺术治疗团体辅导的基础。只有在安全的物理和心理环境下，学生才能放下防备，全身心地投入到活动中。

2. 学生为本，需求为重：关注个体差异的精心设计

表达性艺术治疗强调以学生为中心的设计原则，这一原则要求团体领导者在设计活动时，必须充分考虑学生的个体差异和独特需求。每位学生的心理发展阶段、情感需求和艺术表达能力都各不相同，因此，活动的设计不能采取"一刀切"的方式，而是应以学生的实际情况为出发点，制定个性化的辅导计划。

首先，团体领导者应当通过多种方式了解学生的背景、兴趣和心理状态。这可以通过前期的个体访谈、问卷调查或观察其日常行为来实现。获取这些信息后，团体领导者可以根据学生的不同特点设计出适合的活动内

容和形式。例如，对于喜欢绘画的学生，团体领导者可以提供更多的绘画工具和机会；而对于喜欢音乐的学生，则可以设计一些音乐创作或欣赏的活动。通过这种方式，学生能够选择最适合自己的表达方式，更好地实现自我表达和心理疏导。

其次，团体领导者需注意学生的心理发展阶段。不同年龄段的学生，其心理需求和表达方式是不同的。较年幼的学生可能更倾向于通过图画或游戏来表达自己的情感，而年长的学生则可能更倾向于通过文字或音乐表达内心的想法。因此，团体领导者应当根据学生的年龄和心理特点，有针对性地设计相应的活动形式和内容。

在实际操作中，团体领导者还需要具备高度的灵活性和应变能力。即使是精心设计的活动，在实际操作中也可能会遇到意料之外的情况，例如学生的情绪波动或活动内容未能达到预期效果。此时，团体领导者需要根据学生的即时反馈，迅速调整活动内容或引导方式，以确保活动能够继续进行，并达到预期的辅导效果。

学生为本、需求为重的原则，既体现对学生的尊重，也体现团体领导者的专业素养。只有真正理解和满足学生的需求，才能使表达性艺术治疗团体辅导发挥出最大的效果，帮助学生在心理上得到有效的支持和成长。

3. 文化敏感度，背景尊重：融合多元文化的治疗设计

在多元文化的社会背景下，表达性艺术治疗团体辅导的设计必须充分考虑到学生的文化背景和价值观。文化敏感度和背景尊重不仅是对学生个体的尊重，也是有效开展团体辅导活动的必要条件。团体领导者需要意识到文化背景会对学生的情感表达、心理需求以及艺术表现形式产生深刻的影响。因此，在设计和实施治疗活动时，必须时刻保持对文化差异的敏感度，并在活动中融入学生熟悉和认同的文化元素。

首先，团体领导者应当了解学生的文化背景，包括他们的宗教信仰、家庭习俗、语言习惯等。这些背景因素会直接影响学生在治疗中的反应和参与程度。举例来说，某些文化中对颜色、符号或某些行为有特定的含义，

而这些在另一种文化中可能完全不同。因此，团体领导者在选择活动材料和设计内容时，必须避免使用可能引发误解或不适的元素，而是应选择那些能够引发学生共鸣的文化符号或艺术形式。

其次，文化背景还可能影响学生的艺术表达方式。例如，在一些文化中，绘画可能是一种非常常见的表达方式，而在另一些文化中，音乐或舞蹈可能更为普遍。因此，团体领导者在设计活动时，应考虑学生所在文化中流行的艺术形式，并将其作为主要的表达手段之一。这样，学生在参与活动时会感到更加自然和舒适，从而更容易进入状态并积极参与。

最后，文化敏感度还体现在团体领导者的态度和沟通方式上。在互动中，团体领导者应尊重学生的文化习惯和表达方式，避免强加自己的价值观或文化标准。例如，在某些文化中，学生可能更倾向于内敛和含蓄的表达，而团体领导者应尊重这种表达方式，而不是强迫学生进行直接或开放的情感表达。

综上所述，文化敏感度和背景尊重是表达性艺术治疗设计中不可忽视的重要因素。只有在尊重学生文化背景的基础上，才能设计出真正贴合学生需求的团体辅导活动，使学生在一个被尊重和理解的环境中，最大限度地发挥其艺术表达潜力，并从中获得心理的治愈和成长。

4. 积极心理学，艺术表达：激发内在潜力的治疗手段

在学校领域的表达性艺术治疗团体辅导中，以积极心理学为导向具有深远的意义。积极心理学关注人类的优点和积极特质，强调通过培养积极情绪、建设性人际关系、深度投入、意义感和成就感等方面来提升个体的幸福感和心理韧性。积极心理学的理念非常适合应用于学生群体的团体辅导，因为其理念不仅帮助学生应对现有的心理困扰，还着眼于培养他们积极向上的心理品质，增强他们应对未来挑战的能力。

在学校中，采用以积极心理学为导向的表达性艺术治疗，可以有效帮助学生发现和激发他们内在的积极潜力。通过绘画、音乐、舞蹈、戏剧等艺术形式，学生能够以一种自然且愉快的方式表达自己，从中获得情感的

释放和心灵的慰藉。在这个过程中，团体领导者不仅是学生情感表达的引导者，更是他们积极心理品质的培养者。

积极心理学的理念在团体辅导中尤为重要，因为其强调的不仅是个体的成长，还包括团体成员之间的互助与支持。通过团体艺术活动，学生能够在合作中建立起建设性的人际关系，感受到来自他人的理解和支持。这种体验能够增强学生的归属感和信任感，有助于他们在团体中更好地发挥自己的潜能，并从中获得自我价值的肯定。

此外，积极心理学还鼓励学生寻找并实现他们的人生意义。在表达性艺术治疗中，学生可以通过艺术创作来探索自己的梦想、目标和生活意义，在实现自我表达的同时，培养对未来的积极展望。这不仅有助于提升学生的自我认知和心理弹性，也为他们未来的成长和发展奠定了积极的心理基础。

总的来说，在学校领域的表达性艺术治疗团体辅导中，以积极心理学为导向，不仅能帮助学生有效应对心理困扰，还能帮助他们培养积极的心理特质，为其未来的心理健康和全面发展提供坚实的支持。

5. 过程导向，体验优先：专注创作过程的心理成长

在表达性艺术治疗中，过程导向和体验优先是两个关键原则，这意味着团体领导者和学生都应该更多地关注创作过程本身，而不是最终的艺术作品。通过专注于创作过程，学生能够在这一过程中逐步释放情感、表达想法，并获得心理上的成长与舒展。

过程导向的理念强调，艺术创作的价值不仅在于作品的完成，更在于创作过程中学生的心理和情感体验。在这一过程中，学生可以自由地探索和尝试不同的艺术表达方式，无论是绘画、音乐、舞蹈还是戏剧。团体领导者应鼓励学生大胆尝试，不必拘泥于结果是否完美。事实上，创作过程中的每一次尝试和探索，都是学生情感表达和心理成长的重要部分。

体验优先则意味着团体领导者在设计活动时，应当首先考虑学生在创作过程中的情感和心理体验。艺术创作本身是一种体验，通过这种体验，

学生可以直观地感受到自己的情感状态，并在创作中逐步调节和释放这些情感。例如，在绘画活动中，学生可以通过选择色彩和绘制图形来表达他们内心的情绪，而团体领导者则可以通过观察学生的创作过程，了解他们的心理状态，并给予相应的指导和支持。

通过过程导向的活动设计，学生不仅能够获得情感的释放，还能在创作过程中体验到成就感和满足感。这种成就感不一定来自作品本身的"好坏"，而是来自学生在创作过程中的参与和投入。当学生在创作中投入越多，他们从中获得的心理收益也越大。这种积极的体验能够帮助学生建立对自我的肯定和信心，进而促进他们的心理健康。

此外，过程导向还强调了学生心理的持续成长。团体领导者应帮助学生认识到，心理成长是一个长期的过程，而每一次创作都是这个过程的一部分。通过反复的创作和体验，学生能够逐步增强自我认知，提升情感调节能力，并在这个过程中逐步走向心理的成熟与健康。

6. 互动促进，冲突管理：维护团体和谐的有效措施

团体互动是表达性艺术治疗的核心之一，良好的互动不仅能够增强学生之间的情感联系，还能促进他们的自我表达和心理成长。然而，在团体活动中，不可避免地会出现冲突，这些冲突如果得不到有效管理，可能会破坏团体的和谐氛围，甚至影响治疗效果。因此，团体领导者在设计和实施活动时，既要促进积极的互动，又要有预见性地管理可能出现的冲突。

在促进互动方面，团体领导者应设计多样化的活动，鼓励学生在合作中表达自己。例如，通过共同完成一幅大型绘画作品，或者在小组中共同创作一段音乐，学生能够在合作中体验到团体的力量，并感受到来自同伴的支持与理解。这种积极的互动有助于学生建立归属感和信任感，使他们更愿意参与到团体活动中，并从中受益。

同时，团体领导者在促进互动时，还应注意每位学生的参与度。某些性格内向或不自信的学生，可能会在团体活动中表现得较为被动。团体领导者应通过适当的引导和鼓励，帮助这些学生逐步融入团体，并在互动中

找到自己的位置。这种引导应当温和且尊重学生的节奏，避免强迫性或过度干预。

团体活动中出现的冲突可能源于意见不合、角色分配不均，或者个人情绪的发泄等。团体领导者在面对冲突时，首先应保持冷静，迅速评估冲突的性质和严重程度。如果冲突仅是意见不合或轻微的情绪波动，团体领导者可以引导学生通过沟通和讨论来解决问题；而如果冲突升级，可能影响团体的整体氛围和活动进程，团体领导者则需要及时介入，必要时可短暂地停止活动，让冲突双方有时间冷静下来。

冲突管理不仅是解决问题的手段，更是学生学习情绪调节和社交技巧的机会。团体领导者可以通过引导，帮助学生认识到冲突的根源，学习如何以建设性的方式表达不满和意见，从而在未来的生活中更好地处理人际关系。这种冲突管理的过程，实际上也是一种情绪教育和心理成长的过程。

总之，互动促进与冲突管理是表达性艺术治疗团体辅导中不可或缺的两个方面。通过有效的互动促进，团体领导者能够增强团体的凝聚力和学生的参与感；而通过合理的冲突管理，团体领导者能够维护团体的和谐，帮助学生在互动中获得更多的心理成长和社交技能。

7. 目标明确，灵活调整：实现辅导目标的精准策略

在表达性艺术治疗中，明确的目标设定和灵活的调整策略是确保辅导效果的重要因素。团体领导者在设计活动时，必须明确具体的辅导目标，如减轻学生的心理压力、提升自我意识或改善人际关系等。这些目标不仅要清晰可见，还要具体化，以便在实施过程中团体领导者能够有针对性地对学生进行辅导。

明确的目标设定是活动设计的起点。团体领导者应根据学生的具体情况和需要，设定切合实际的目标。例如，对于一群在学业压力下感到焦虑的学生，辅导的目标可以是帮助他们通过艺术创作释放压力，增强情绪调节能力。又如，对于存在人际关系问题的学生，辅导目标可以是通过团体艺术活动，提升他们的社交技巧和自我表达能力。目标设定越具体，团体

领导者在设计活动时就越能够有的放矢，确保活动内容与目标相匹配。

然而，在实际辅导过程中，学生的反应和团体的动态可能会与预期有所不同。在这种情况下，团体领导者需要具备高度的灵活性，根据实际情况对活动进行调整。比如，如果发现学生在活动中对某一特定的艺术形式反应不佳，团体领导者可以迅速调整活动内容，尝试其他更适合的表达方式。此外，团体领导者还应根据学生的即时反馈和情绪状态，灵活调整活动节奏，确保活动的持续性和有效性。

调整不仅仅是对活动内容的修改，还包括对目标的微调。在辅导过程中，如果发现原定目标过于困难或不切实际，团体领导者应及时调整目标，以符合学生的实际能力和需求。这种调整不仅有助于避免令学生感到挫败，还能确保辅导活动能够逐步达到既定的效果。

此外，团体领导者还应在每次活动后进行反思和总结，评估目标的达成情况，并根据评估结果对后续活动进行必要的调整。通过持续的反思和调整，团体领导者能够不断优化活动设计，使辅导目标更具可行性和针对性。

总的来说，明确的目标设定和灵活的策略调整，能够保证表达性艺术治疗在复杂多变的辅导环境中的方向和效果。这不仅有助于学生在辅导中获得实际的心理支持和成长，也为团体领导者提供了持续改进的依据和动力。

8. 效果评估，反馈及时：确保活动优化与有效实施

在表达性艺术治疗的实施过程中，效果评估和及时反馈是至关重要的环节。这不仅有助于团体领导者了解活动的实际效果，也为团体领导者提供了调整和优化活动的依据。通过科学的评估和反馈机制，团体领导者可以确保活动的有效实施，并在必要时进行适当的改进。

效果评估应从学生的表现和反应入手。团体领导者可以通过观察学生在活动中的参与度、情绪变化以及互动情况，初步判断活动的效果。例如，如果大多数学生在活动中表现出积极的情绪变化，并能主动参与互动，那么活动很可能达到了预期效果。相反，如果学生普遍表现出冷漠或抗拒，团体领导者则需要重新审视活动设计，找出问题所在。

除了观察，团体领导者还可以使用问卷调查、访谈等方法，收集学生的主观反馈。这些反馈可以直接反映出学生对活动的感受和看法，从而为团体领导者提供更为具体的改进建议。问卷调查可以包括一些开放性问题，让学生自由表达他们对活动的看法；而访谈则可以帮助团体领导者深入了解学生的内心世界，发现潜在的问题或需求。

评估的另一个重要方面是辅导目标的达成情况。团体领导者应根据最初设定的目标，评估活动是否达到了预期的效果。例如，如果目标是减轻学生的心理压力，团体领导者就可以通过询问学生的情绪状态、观察其行为变化等方式，判断学生的压力是否得到了缓解。如果目标是提升学生的自我表达能力，就可以通过学生在活动中的表达频率、表达内容的深度等方面进行评估。

在进行评估的同时，团体领导者还应及时将评估结果反馈给学生。这种反馈不仅可以帮助学生了解自己在活动中的进步，也可以激励他们继续参与和努力。此外，及时的反馈还可以增强学生的参与感和主人翁意识，使他们在活动中更加投入。

根据评估结果，团体领导者应对活动进行相应的调整和优化。调整可以是对活动形式、内容或节奏的改变，也可以是对辅导目标的微调。优化活动不仅有助于提升活动效果，也能帮助团体领导者更好地满足学生的需求。

总之，效果评估和及时反馈是表达性艺术治疗成功实施的关键。通过科学的评估方法和有效的反馈机制，团体领导者能够确保活动的有效性和持续改进，从而最大限度地发挥表达性艺术治疗团体辅导的作用，帮助学生在心理上获得成长和治愈。

9. 伦理坚守，隐私保护：保障学生信任与自由表达

在表达性艺术治疗中，伦理坚守和隐私保护是至关重要的原则。团体领导者必须严格遵守伦理准则，以确保学生的信任和自由表达。这不仅是团体领导者的职业责任，也是治疗活动顺利进行的基础。

首先，团体领导者必须确保学生的知情、同意。在活动开始之前，团体

领导者应向学生详细解释活动的内容、目的以及可能造成的心理影响，并明确告知学生他们有权利选择是否参与，以及在任何时候都可以选择退出活动。这种透明度不仅有助于建立学生的信任，也确保了他们的自主权和参与意愿。

其次，在实际活动中，团体领导者需要对学生的隐私进行严格保护。学生在艺术治疗中的表达和创作往往涉及个人的深层情感和私密经历，这些信息必须得到高度保密。团体领导者应明确告知学生，他们的作品和言论将不会在未经允许的情况下被公开或分享。此外，团体领导者在记录和存储学生的个人信息时，也应采取必要的安全措施，防止信息泄露。

再次，团体领导者应尊重学生的表达自由。在表达性艺术治疗中，学生可能会选择通过多种方式表达他们的情感和想法，这些表达方式可能是非传统的，甚至是具有挑战性的。团体领导者应尊重这些表达形式，并避免对学生的作品进行主观评价或批判。尊重学生的表达自由，不仅有助于建立安全的治疗环境，还能增强学生的自信心和表达意愿。

最后，团体领导者在处理学生的创作和反馈时，必须始终保持客观和公正，应避免将个人的价值观或文化偏见带入辅导过程中，并确保所有学生都在平等的基础上获得尊重和支持。如果团体领导者发现自己可能与学生的价值观产生冲突，应及时进行自我反思，并在必要时寻求专业的咨询和指导。

总之，伦理坚守和隐私保护是表达性艺术治疗的核心原则。团体领导者通过严格遵守这些原则，不仅可以确保活动的顺利进行，还能与学生建立起良好的信任关系，保障他们的自由表达。这种信任和自由，是学生在治疗过程中获得心理成长和治愈的重要前提。

（三）表达性艺术治疗团体辅导在学生成长中的应用领域

学生的成长过程中常常面临多方面的挑战与困惑，通常需要特别的帮助与指导。表达性艺术治疗团体辅导能够有效地在这些领域中为学生提供支持与引导，帮助他们更好地应对成长中的各种问题。以下是表达性艺术治疗团体辅导在学生成长中的几个关键应用领域。

1. 认识自我，提升自我认知

认识自我是学生成长中的重要任务。自我认知不仅仅是对外部特征和行为的了解，更是对内在情感、信念、价值观的深入认识。学生在成长过程中，常常会遇到自我认知的迷茫与困惑，尤其是在青春期，自我认知的需求更为强烈。通过表达性艺术治疗团体辅导，学生可以通过艺术创作探索自己的内心世界。比如，通过绘画，学生可以将抽象的情感具象化，表达出他们内心深处的恐惧、愿望或梦想。这种视觉化的表达方式，能够帮助学生在安全的环境中，以非语言的方式探索自我。表达性艺术治疗团体辅导不仅有助于学生更好地了解自己的个性和价值观，还能促进他们的自我接纳和自我肯定。在团体讨论中，其他成员的反馈与共鸣也进一步深化了学生对自我的认识，帮助他们更清晰地界定自己的身份和角色，从而更坚定地面对未来的挑战。

2. 管理情绪，增强情感调节

情绪管理是学生心理健康的重要组成部分。情绪是人类对外界刺激作出的自然反应，但如果情绪得不到有效管理，可能会导致行为失控、学业退步、人际关系紧张等问题。学生在面对学习压力、同伴关系、家庭矛盾等问题时，往往会产生各种负面情绪，如焦虑、愤怒、抑郁等。表达性艺术治疗团体辅导通过艺术创作，为学生提供了一种安全的情感宣泄途径。比如，学生可以通过绘画来表达愤怒，通过音乐来舒缓焦虑，通过舞蹈来释放压抑的情感。这种情感外化的过程，帮助学生更好地识别、理解并调节自己的情绪。更重要的是，在团体辅导的环境中，学生能够通过分享自己的艺术作品，得到来自同伴的共鸣与支持。这种集体的情感体验有助于学生更加理性地看待和管理情绪，从而避免情绪失控的情况发生。

3. 压力管理，缓解学业负担

学业压力是学生成长中常见的挑战之一。随着学生年级的上升，学生所面临的学业压力也逐渐增加。长时间过重的学业负荷，可能会导致学生出现焦虑、失眠、注意力不集中等问题，严重影响他们的学习效果和心理健康。表达性艺术治疗团体辅导为学生提供了一个放松和减压的空间。通过艺术活动，学生可以暂时从学业压力中解脱出来，专注于创作的过程，从而达到放松和减轻压力的效果。例如，学生可以通过绘画减轻对考试的恐惧，通过音乐寻找内心的平静，或者通过舞蹈释放身体的紧张。此外，团体中的互助氛围还可以为学生提供情感支持，让他们感受到他人对自己压力的理解与共情，从而在团体中找到应对压力的策略和信心。通过这种方式，学生不仅能缓解当下的压力，还能学会更有效的压力管理技巧，提升他们应对未来挑战的能力。

4. 人际交往，改善社交技能

人际交往能力是学生在社会化过程中必须掌握的重要技能。良好的人际关系不仅有助于学生的心理健康，也对他们的学业和未来的职业发展有着重要影响。然而，由于性格、环境、经历等多方面的因素，不少学生在与同龄人交往时会感到困惑或困难，出现害羞、不善言辞、缺乏自信等表现。通过表达性艺术治疗团体辅导，学生可以在艺术创作中学会与他人互动和合作。例如，在共同完成一幅画或编排一段舞蹈的过程中，学生需要与同伴进行沟通、分工、合作，表达性艺术治疗团体辅导的互动不仅有助于增强学生的合作意识和沟通能力，还可以帮助他们在现实生活中更好地处理人际关系。团体辅导的非评判性环境，使学生在互动中更容易放下防备，表达真实的感受和想法，从而更好地理解和接纳他人。同时，通过在艺术活动中的相互支持与鼓励，学生能够感受到集体的温暖和力量，增强他们的人际交往自信心。

5. 沟通技巧，提升表达能力

沟通技巧是学生在学习和生活中不可或缺的能力。良好的沟通能力不仅包括语言表达能力，还包括倾听、理解、反馈他人观点的能力。在学校和家庭中，学生常常需要通过沟通来解决问题、表达需求或分享想法。然而，很多学生在沟通中常常感到力不从心，不知道如何准确表达自己的情感或意见，导致产生误解和冲突。表达性艺术治疗团体辅导为学生提供了一种独特的沟通训练方式。在创作过程中，学生可以通过艺术形式自由表达自己，探索和发掘内心深处的感受与想法。然后，在团体分享和讨论环节，学生需要将这些感受和想法转化为语言进行表达，这种结合了非语言与语言的表达方式，有助于学生更全面地发展沟通技巧。同时，团体中的反馈和共鸣也帮助学生更好地理解他人的观点和情感，从而在日常生活中进行更有效的沟通。

6. 思维训练，培养创造性思维

思维训练是促进学生学业和个人发展的关键因素。在现代社会，创造性思维已经成为一种重要的竞争力。它不仅帮助学生在学术研究中提出独特的见解，也帮助他们在生活中培养解决问题的能力。表达性艺术治疗团体辅导通过艺术创作培养学生的创造性思维和发散性思维。在创作过程中，学生不断挑战传统思维模式，尝试新的表达方式，探索多种可能性。这种不受限制的创作环境，鼓励学生大胆尝试和实验，从而培养其创新精神。例如，在绘画创作中，学生可能会尝试运用不同的颜色、构图来表达情感，这种思维的灵活性和开放性，不仅丰富了他们的艺术表现力，也激发了他们在其他学科中的创造潜能。同时，通过团体分享，学生可以从他人的创作中获得灵感和启发，进一步拓展他们的思维广度。

7. 提高创造力，激发艺术潜能

表达性艺术治疗团体辅导强调创造性的自我表达。创造力是人类进步的重要推动力，尤其在青少年时期，创造力的培养对个体的自信心、自尊心和整体人格发展具有深远影响。通过参与绘画、音乐、舞蹈等艺术活动，学生能够自由发挥想象力和创造力，表达自己独特的内心世界。这种自由的创作环境，不仅激发了学生的艺术潜能，还让他们在创作过程中体验到成就感和自我价值感。例如，一个平时不善言辞的学生，可能通过绘画或音乐发现自己在艺术上的天赋，这种发现往往会成为他自信心的重要来源。此外，团体辅导中学生们的互相观摩和分享，也为学生提供了展示和交流的平台，可以从他人的创作中获得启发，进而拓展自己的艺术视野，激发更多的创造性思维和想法。通过这种多维度的艺术探索，学生不仅能够在艺术领域取得进步，也能够将这种创造力应用到生活和学习的其他方面。

8. 有效学习，提升学习效率

学习效率是影响学生学业表现的重要因素。在竞争激烈的学术环境中，高效的学习方法不仅能帮助学生取得更好的成绩，还能减轻他们的学业压力。表达性艺术治疗团体辅导可以帮助学生通过艺术创作更好地理解和内化学习内容。例如，学生可以通过绘画将复杂的学习概念视觉化，或者通过音乐节奏来帮助记忆，这些方法都能够增强学习的趣味性和有效性。通过艺术活动，学生能够在一个放松的状态下进行学习。这种状态不仅有助于他们吸收和消化知识，还能减少学习压力带来的焦虑感。此外，艺术创作中的思维训练也帮助学生在面对学习挑战时，更加灵活地运用各种学习策略，从而提高学习效率。通过这种方式，学生不仅能够提升当前的学业成绩，也为未来的自主学习和终身学习奠定了良好的基础。

9. 管理时间，提升时间意识

时间管理是学生在学习和生活中应该培养的重要技能。良好的时间管理能力不仅能够帮助学生有效分配时间，提高学习和生活效率，还能够减少拖延症和时间焦虑。表达性艺术治疗团体辅导通过有时间限制的艺术活动，帮助学生学习如何合理分配时间，按时完成任务。例如，在一个绘画活动中，学生需要在限定的时间内完成作品，这就要求他们在创作过程中合理安排步骤和时间。通过这种训练，学生不仅提高了时间管理能力，还培养了自律性和组织能力。培养这种时间意识，对于他们在日常学习和生活中管理时间具有重要意义。同时，团体中的时间管理经验分享，也帮助学生从他人的实践中获得启示和灵感，进一步优化自己的时间管理策略。这种综合性的时间管理训练，能够帮助学生在学业和未来的职业生涯中，更加高效地管理时间，提升整体效率和成果水平。

第二章 绘画治疗团体辅导在学校领域的设计应用

一、绘画治疗团体辅导简介

绘画治疗（art therapy），作为表达性艺术治疗的一种形式，利用绘画、泥塑、摄影等视觉艺术媒介，帮助个体表达内在的情感和想法。这种治疗形式通过视觉表达为个体提供了一种非语言的沟通途径，使他们能够在无须直接用语言描述的情况下释放情绪、探究自我。由于翻译的不同，绘画治疗通常也被翻译为艺术治疗、美术治疗、绘画疗法等。本书中的"绘画治疗"指的是以绘画、泥塑、摄影等视觉艺术作为主要媒介的一种表达性艺术治疗技术。这种方法不仅仅是艺术创作的过程，更是通过视觉表达来达到心理疏导和情感释放的一种有效途径。

绘画治疗团体辅导在学校中的应用较为普遍。学校中的学生常常面临学业压力、自我认同、人际关系等多重心理挑战，而绘画治疗提供了一个非侵入性的渠道，帮助学生通过艺术创作来应对这些问题。在团体辅导的环境中，绘画治疗为参与者提供了一个安全的空间，让他们能够自由地表达内心的情感和困扰。这种非语言的表达方式特别适合那些难以通过语言表达情感或曾遭受过心理创伤的学生。对这些学生而言，绘画提供了一种更为自然和舒适的表达方式，使他们能够以自己的节奏揭示和处理内心的复杂情感。

绘画治疗的一个重要特点是它对技术和艺术技能的要求并不高，这使得它在学校环境中极具包容性和普适性。无论学生是否有绘画基础，都可以通过简单的工具和材料来参与创作。这种创作过程本身就具有疗愈效果，因为它允许学生专注于创作的过程，而不是结果。这种专注能够帮助学生暂时脱离现实生活中的压力，进入一种更为放松和沉浸的心理状态。在这个过程中，学生不仅能够释放积压的情绪压力，还能够通过创造性的活动获得内在的满足感和成就感。

绘画治疗在学校中的应用可以通过多种方式实现。除了常规的团体辅导之外，学校还可以组织专题工作坊、艺术展览或校园艺术节等活动，鼓励学生参与绘画创作。通过这些形式，绘画治疗可以融入学校的日常教育中，成为一种持续性的心理健康支持手段。例如，学校可以在美术课或心理辅导课中引入绘画治疗的元素，让学生在日常学习中感受到艺术创作带来的心理放松和情感释放。

综上所述，绘画治疗团体辅导在学校中具有广泛的应用前景和显著的疗愈效果。绘画治疗团体辅导不仅为学生提供了一个心理疏导的途径，也为学校创造了通过美育促进学生心理健康的有力工具。通过将艺术与心理辅导相结合，学校能够在日常教育中融入美育元素，不仅丰富了学生的艺术体验，更有助于个体学生的心理成长，还能够在更广泛的校园环境中营造一种关注学生心理健康、重视其情感发展的氛围，促进学生群体的心理健康和全面发展。

二、绘画治疗团体辅导在学校领域中的应用优势

在学校环境中，绘画治疗团体辅导展现出其独特的优势，尤其适合学生群体的心理健康支持和发展。以下从多个方面详细探讨其在学校中应用的具体优势。

（一）绘画治疗的趣味性有助于激发学生的参与热情

绘画治疗本身蕴含着极强的趣味性，这种趣味性是激发学生参与热情的重要因素。在学校环境中，学生通常更容易被那些充满趣味性和创造性的活动吸引。绘画治疗强调的并非艺术作品的最终成果，而是创作过程中带来的体验感。当学生沉浸于绘画的乐趣中，并通过画笔探索和表达自己的内心世界时，他们的好奇心与创造力被激活，进而增强了他们参与团体辅导的积极性。这种内在驱动力不仅提高了学生的参与度，还为他们提供了一个安全且愉快的情感表达渠道，使他们更愿意参与到辅导活动中来。

（二）绘画在团体辅导中是天然且强有力的情感连接媒介

在团体辅导中，建立和维护团体关系是至关重要的，良好的团体关系是辅导过程得以顺利进行的基础。在一个充满信任、尊重和理解的环境中，学生才能真正敞开心扉，分享感受、想法和经验，最终实现团体辅导的目标。绘画作为一种非语言的表达形式，能够在团体中自然地发挥强有力的情感连接作用。首先，团体的绘画创作为团体中的学生提供了共同的体验和目标，帮助他们在创作过程中建立起共同的记忆和经验，从而增强彼此间的连接感。其次，合作绘画进一步促进了学生之间的视觉艺术连接，通过共享创作成果，学生们能够在心理上拉近彼此的距离，增强团体的凝聚力。再次，以绘画作品作为分享的媒介，可以帮助学生在团体辅导初期阶段降低害羞、紧张和不自在的感受，减少语言表达的障碍与压力，使情感和经验的沟通更加自然。最后，通过分享和讨论彼此的绘画作品，学生能够更好地了解彼此的想法和感受，从而更容易与他人产生情感共鸣，进一步巩固团体的关系。

（三）绘画治疗有助于促进学生深度的自我表达与反思

绘画治疗不仅仅是一个艺术创作的过程，更是一种深层次的自我探索与表达的方式。在学校团体辅导中，绘画治疗能够更有效地促进学生深度的自我表达与反思。首先，绘画提供了一个意象化与情感化的表达平台，学生可以通过色彩、线条和形状来描述他们的情感和经历，绕过了语言可能带来的理智化防御，更容易触及内心深处和无意识层面的内容。绘画治疗团体辅导的场域为这些无意识内容的涌现提供了一个安全的环境，当学生感受到来自团体的理解与支持时，他们会更有勇气面对自身的阴暗面，从而促使深层次的自我觉察与心理修复。其次，通过绘画与他人交流，这不仅是一种表达方式，更是一次自我反思的机会。在这个过程中，学生可能会重新评估自己的情感和经历，从而获得新的洞见和认识。最后，其他团体成员的反馈和意见为学生提供了不同的视角，有助于进一步深化自我理解和反思。这种深度的自我表达与团体互动，为学生提供了一个相互支持和理解的环境，同时也为他们进一步探索更深入的团体目标奠定了基础。

三、绘画治疗团体辅导在学校应用中的常见活动形式

在学校环境中，绘画治疗团体辅导的多种活动形式为学生提供了丰富多样的心理健康支持。这些形式不仅适应学生的心理发展需求，还能够结合学校的教育目标，促进学生的全面成长。以下是几种在学校场景中常见的绘画治疗团体辅导活动形式，每一种形式都具有其教育和心理辅导价值。

（一）合作绘画

合作绘画是绘画治疗团体辅导在学校应用中最常见的活动形式之一，强调团体中的所有学生共同参与创作的过程。合作绘画最常见的方式包括集体创作和交换创作两种。

1. 集体创作

集体创作是指团体中的所有成员共同来完成一幅作品的创作，通常要求团体的成员在指定的纸张、画布或画板上进行绘画，但最终的目标是将这些个体的绘画部分整合起来，形成一个完整且协调的艺术作品。根据不

同的活动目标，集体创作既可以同时进行，也可以轮流进行。

在学校领域，同时集体创作的形式中，所有学生都在同一时间开始并进行同一个作品的绘画。这种方式鼓励实时的非语言交流与合作，学生可以第一时间看到团体其他成员的绘画进展，从而相互启发和协同工作。

而轮流集体创作则是学生们按照一定的顺序，先后交替完成各自的绘画部分。一位学生的创作完成会成为下一位学生的创作起点，如此这般，除第一位进行创作的学生进行初次创作之外，每位学生都在前一位的基础上继续创作。这种方式更注重每位学生对前一位学生创作的解读与延续，强调的是续写与补充，而非单独的个体表达。轮流集体创作可以根据活动目标设置限定的轮数，比如整个团体总共进行 5 轮绘画。

无论是哪种形式，集体创作都需要学生之间的紧密合作和交流。在团体辅导中，集体创作过程通常是以非语言的方式进行，亦即是学生之间需要充分调动视觉系统及对作品的理解进行创作。这既是一个艺术创作的过程，也是一次团队合作的经历，有助于加强团体内部的联系，增进学生间的相互理解和尊重，亦可引发学生对自身人际关系状态的反思。通过体验创作过程及对作品的深度探讨，学生可以更好地认识自己与他人，在提升团体的凝聚力的同时深化团体辅导所探讨的主题。

2. 交换创作

交换创作是一种更为动态的合作绘画形式，要求团体中的所有学生一开始在属于自己的纸张或画布上进行创作，然后在特定的时间点或创作阶段，以非语言的方式与其他成员交换画作继续创作，直到最后团体中每位学生各自的画作上都留下了其他人参与创作的元素。在团体辅导中，交换创作完成的每一幅绘画作品都融合了团体所有学生参与的元素，既体现了不同的视角与风格，也包含了不同学生各自的理解，既充满了趣味性和各种未知的可能性，也彰显了互动性与合作性。在学校领域的团体辅导实践中，交换创作是学生破冰的最佳方式之一，通过紧密而有趣的互动形式，可以迅速激活团体氛围。

交换创作的过程为学生提供了一个深入了解他人思想和感受的平台，同时也为每位学生提供了一个表达自己及与他人融合的机会。交换创作的形式促进了创意的自由流动和团体之间的紧密连接，在一定时间内完成的多幅绘画作品，具有极高的工作效率，而针对作品及合作创作过程的相互探讨反馈，更具有极高的实践价值。

（二）色彩涂鸦

色彩涂鸦是绘画治疗团体辅导在学校的应用中形式简单而效果显著的一种方法，即仅通过色彩来表达学生的情绪情感、创意和思考。可分为色彩自由涂鸦及具象涂色两种形式。

1. 色彩自由涂鸦

色彩自由涂鸦主要是让学生在觉察自己的情绪及感受的基础上，自由选择简单的颜料、彩笔或蜡笔等工具，通过颜色、线条等非具象的方式来表达自己当下的内心感受。涂鸦作为一种非语言的沟通方式，能够释放个体压抑的、难以用语言表达的情感，配合不同颜色、线条的意象体验与表达，有助于激发学生的创造力和想象力，帮助学生在情绪情感表达中进一步感受自己内心的世界，了解自己的情感、需求与冲突。在团体辅导中，色彩自由涂鸦通常以非指导非结构的形式开展，看似简单、抽象，实则情感饱满、充满张力，很容易引发学生之间的共鸣。

2. 具象涂色

具象涂色主要是由团体领导者提供预先设计的图案或形状，引导学生根据个人的喜好或感觉，使用彩色笔或颜料为图案涂色。团体领导者可根据团体辅导的主题，事先准备好包含简单形状或图案的材料，可以让学生统一对相同的图案进行涂色，也可以提供不同的材料，由学生选择其中的一个图案进行涂色。当全部学生完成涂色后，引导学生相互分享对所完成的作品的感受、色彩的选择、涂色过程和对图案的解读。具象涂色为团体辅导提供了一种非威胁性、有创意和放松的方式来探索情感、创造力和自我意识。充分体验活动过程，学生可以更好地了解自我，并更深入地连接彼此。

（三）主题绘画

主题绘画同样是学校绘画治疗团体辅导中常见的形式之一，指团体领导者为学生设定一个具体的主题或题目进行创作。这种形式旨在引导学生聚焦于特定的情感、经验或问题，通过绘画的形式进行探索与表达。例如，团体领导者可以设定"我的家庭"为主题，要求学生独自描绘一幅与家庭有关的绘画，如家人的肖像、家庭中的重要事件等。通过聚焦主题的绘画和相互的分享，学生可以进一步了解彼此的家庭背景或成长经历，了解彼此对家庭的看法、经验和感受，从而进一步加深彼此的理解和连接，为团体目标而服务。值得强调的是，主题绘画的主题并不是随意设置的，而是要根据团体辅导的目标与任务来设定，具有其独特的意义。此外，主题绘画作为一种绘画的基本形式，往往会与其他的绘画形式相结合。例如，以"未来"为主题进行合作绘画，则是结合了"主题绘画"与"合作绘画"的形式。

以下介绍两种在学校团体辅导中最常见的主题绘画。

1. 自画像

自画像主题绘画形式较为简单，主要是由学生绘制自己的画像，可以是现实性的，也可以是象征性的或抽象的。在现实性的自画像中，学生通常会精心描绘自己的外貌特征。这不仅是一种外在的自我表达，也可以成为一种自我观察和自我认知的途径。通过细致观察自己的外在特征，并将其转化为视觉艺术，学生有机会重新审视和认识自己。在象征性或抽象的自画像中，学生拥有更大的自由度来表达自己的内心世界。他们可能会使用各种符号、颜色和形状来代表自己的情感、信念或经验。总的来说，团体辅导中的自画像活动不仅有助于促进学生的自我认识，也有助于学生在团体中建立更紧密的连接。通过分享各自的自画像和背后的故事或意义，学生可以更深入地了解彼此，从而增强团体内部的凝聚力和互动性。

2. 生命树

生命树主题绘画是一个简单而又深入的方式，帮助学生通过图像的形式探索和表达自己的生活历程。活动开始前，团体领导者首先引导学生绘制一棵属于自己的生命树，包括树根、树干、树枝、叶子和果实或花朵。在学生完成创作后，引导其体验观察生命树并赋予其各部位不同的象征意义。由于每个人都可能会对生命树的每个部分赋予其特定的象征意义，这些象征意义能够帮助学生更深入地思考和分享自己的经验、资源、价值观和期望，并通过彼此间的相互反馈交流，探讨生命的历程、资源及发展方向。根据团体辅导的具体对象与目标不同，团体领导者也可以直接引导学生赋予生命树不同的部位不同的象征意义。例如，树根代表早年重要的经历及影响；树干代表自我的力量和支持系统；树枝代表自我发展方向；叶子代表梦想、希望、愿望或未来计划；果实代表取得的成绩等。在学校团体辅导中，由于学生绘制的生命树本身具有蓬勃的生命力，加上学生之间生命故事的交织与分享，这为整个团体创造了一个充满活力和深度的氛围。

（四）多宫格绘画

多宫格绘画是绘画治疗中常见的一种形式，也是最基本的一种思路。在多宫格绘画中，画纸被划分为多个宫格（区域），每个宫格都代表生命中的某一主题、情感或方面。创作者通过在不同的宫格中进行创作，来体验构思及创作过程，充分表达内心世界，并对所创作作品进行联想与反思，达到对自己情感、经验和内心世界的更深层次的理解和洞察。在学校团体辅导实践中，多宫格绘画的形式颇受学生欢迎。一方面，多宫格绘画的形式灵活而富有趣味性；另一方面，其所涉及的不同的主题，更容易激活学生的多元思维及创造力，也更容易使学生之间因彼此的作品存在相似或共同的元素而引发共鸣，进而更容易深入活动主题或达成目标，也使学生在表达和分享上更容易从视觉意象深入内心世界。

多宫格绘画可以根据实际团体目标及活动主题，进行灵活开发与设计，常见的有二宫格、三宫格、四宫格、六宫格和九宫格等。例如在一个探索生涯规划主题的团体辅导中，团体领导者可以让学生把画纸分为 3 个宫格，分别以"过去 – 现在 – 未来"为元素，填充到相应的宫格内，完成一幅回顾过去、审视当下、展望未来的绘画。再例如在一个情绪管理主题团体活动中，团体领导者可以让学生把画纸分为 9 个宫格，回顾过去的一周发生的让自己感受到积极情绪的事件、人物、事物或片段等，以顺时针或逆时针的顺序分别画在 9 个宫格里。

可以说，多宫格绘画为团体辅导提供了一个既多元化而又解构化的思路，可以引发学生进行既发散而又深入的联想与自省，达到拓展思维、增强自我意识和促进团体连接的效果。

以下介绍一种特殊的多宫格绘画形式——漫画创作。

漫画创作是一种以叙事为主线的多宫格绘画，通过绘图与少量文本相结合的方式，生动地呈现了故事的角色、情节及其内心世界的变化过程。与传统的绘画相比，漫画更侧重于情节的发展和角色之间的互动。在团体辅导中，学生可以通过这种有趣且引人入胜的漫画创作方式，将自己的经历、情感和想法具体化，并与团体分享。这种方式不仅有助于增强学生之间的连接，还可以作为一种工具来探索和处理学生深层的心理和情感问题。漫画作为一种低难度易入手的形式，不需要专业的绘画技巧，使得学生更容易参与和表达。作为一种特殊的多宫格绘画形式，漫画创作可以采用不同的宫格数设置，例如四宫格漫画创作、六宫格漫画创作、九宫格漫画创作等。由于设置宫格数量的限制，学生必须在有限的场景内，专注于漫画主人公内心及故事情节发展的变化，更容易聚焦到团体所关注的议题上。

举个例子，在一个针对大学应届毕业生情绪管理的团体辅导上，团体领导者让每位学生创作一幅四宫格漫画，第一幅漫画需要展现自己毕业后可能遇到一个较大的现实挫折，在随后的三幅漫画里，需要呈现自己将如何去调整与应对，完成之后在团体内部相互分享反馈。

在这个漫画创作的活动中，学生需要根据自己的现实情况思考自己毕业后可能遇到的挫折是什么，并以意象化的直观的绘画形式呈现出来。在体验与创作的过程中，其实绘画治疗的疗效已经在悄然发生。在团体分享环节，来自学生之间的相互分享与反馈，往往也能够让每一位学生在得到理解与支持的同时，进一步拓宽思路，触发新的感悟，从而获取积极的内在能量。

（五）拼贴画

拼贴画是一种从各种图文素材中将所需部分裁剪下来拼贴到一张纸或其他背景上，并在此基础上创建出新的图像的一种绘画治疗方法，在学校团体辅导中深受学生喜欢。在团体辅导中，通常由团体领导者事先提供丰富的图文素材，例如杂志、画册、旧书、照片、贴纸等，并由学生自由地裁剪和组合材料，形成新的有意义的图像，以表达自己的情感、观点或经历等。与其他形式的绘画治疗相似，拼贴画同样重视拼贴过程中的感受及思考，因此在完成拼贴画后，团体领导者需要积极鼓励学生分享自己的作品，以及拼贴画背后的故事和情感，通过学生之间相互的反馈与互动，发现各自的潜在需求、资源和成长方向。

根据团体辅导的主题和活动目标，团体领导者可以设置相应的主题拼贴画，也可以设置无主题的自由拼贴画。为了使学生能更好地表达自我，团体领导者通常需要尽可能多地准备各种图片素材，涉及各种情境、情感、元素和风格，包括自然风景、人物、动物、植物、建筑、交通工具、抽象图案、文字标语、符号等。这些丰富的素材为学生提供了更广泛的选择，帮助他们找到与自己情感和想法最为匹配的图像，从而更好地表达自我。

以下介绍一种特殊的拼贴画形式——自然拼贴画。

与传统的拼贴画不同，自然拼贴画主要把从自然界中收集的物品作为创作素材组合成新的图像。这些物品可以包括树叶、花瓣、树枝、石头、羽毛、贝壳等。自然拼贴画取材于大自然，因此相应的团体辅导活动通常也是在自然素材较为丰富的户外进行的，例如校园草地、公园、森林、海滩等。团体领导者首先带领学生前往活动目的地，根据主题和需求收集自然材料，并在纸张等规定的背景上设计和排列自然材料，既可以呈现抽象的内容，也可以呈现具象的图像，如风景、人物或动物。在设计排列完自然材料后，使用天然胶或胶粘剂将材料固定在背景上，形成一幅新的图像艺术作品。在所有学生完成拼贴作品后，进入分享与互动环节。

由于自然拼贴画是直接与自然环境互动，因此收集素材的过程本身就是一次自然之旅。与自然元素互动可以促进学生放松心情和减轻压力，而拼贴画本身集表达性、创意性、趣味性为一体的治愈元素在团体互动中更容易使学生产生共鸣和深度的交流。

（六）渐进式绘画

渐进式绘画是在学校团体辅导实践中经常被采用的一种富有创意的技术。在这种方法中，学生首先按照既定的主题和规则进行绘画。完成后，团体领导者会提供新的指导语，要求学生在原始画作的基础上进行添加或更改，进而呈现出新的绘画作品。通过对比初始作品和修改后的作品，团体领导者引导学生进行深入的思考和讨论。渐进式绘画不仅能促进学生的创造性思考，还为团体讨论提供了丰富的切入点，使得沟通和探索更具深度和意义。

以下介绍两种团体辅导中常见的渐进性绘画形式。

1. 叠加绘画

叠加绘画是指在原有主题绘画的基础上，添加新的主题、内容或元素，使得每一次叠加都在原始画作上形成一个新的层次和意义。这种方法通常要求学生对原始画作进行细致的观察，然后按照指导语的要求在其基础上增添新的内容。随着一次或多次的叠加，画面的内容会变得更为丰富，而学生的情感也在此过程中发生变化，所探讨的内容也愈发深入。

举个例子，在一个探讨重要关系的绘画治疗团体活动中，初始任务是在纸张上画下自己的一个重要他人，在学生均完成任务后，接下来的指导语是"在你的画中添加上自己，呈现你最希望与这个重要他人互动的理想状态"。学生一开始画重要他人的时候，并未考虑将自己也画入其中，而指导语要求的叠加任务，使得其需要在原有构思的基础上，进一步去协调画面的创作，此时关于自己与这个重要他人之间的互动如何体现在画面中，包括人物大小、位置关系、理想互动情况等，则成了学生需要进一步去思考和感受的议题，由此带来的内心情感体验将会更为强烈，且在团体分享中将更具感染力，更容易引发彼此间的共鸣。

由于叠加绘画通常是出其不意地进行叠加，加上初始任务具有独立性，后续的叠加任务尽管带来了一定的心理冲击，但是也在一定程度上绕开了心理上的防御，更容易被接受。因此，团体领导者在进行活动设计时，需要明确活动的最终目的，确保每一次叠加都是为活动的整体目标所服务，且是循序渐进的，确保每一次叠加都能带给学生更深入的情感体验与自我成长。

2. 转化绘画

转化绘画则是在原有画作的基础上进行修改和调整，使其转化为一个全新的主题或表现形式。与叠加绘画不同，转化绘画更多的是对原始内容的变形或重塑，旨在鼓励学生积极面对问题，转变思维方式，从而找到新的解决方法或心境。

举个例子，在一个以积极情绪调适为活动目标的学校团体辅导中，团体领导者首先让学生画下最近最困扰自己的一件事情，在学生完成任务后，引导学生通过裁剪、补充、改变原画作中的某些元素，使画面呈现为一个正面或乐观的情景，将原先的困境或不良情绪转变为一种积极、有希望的画面。假设其中某个学生最初画了一个自己被困在黑暗的笼子中的画面，在转化绘画的过程中，他可能会选择裁剪笼子的部分，将它变成一扇通往光明的门，或在原有的画面上增添阳光、花朵等象征希望和正能量的元素。这种变化不仅体现了其对问题的再认识和对未来的期待，而且也反映了其心理上从被动到主动的转变过程。

在团体辅导中，学生之间的互动也为转化过程提供了宝贵的灵感。一个学生的创新方式可能会为其他学生提供了新的视角，帮助他们更好地对自己的画作进行转化。因此，团体领导者需要积极促进学生之间经验的交流与相互影响，帮助学生意识到，即使面对困境，他们仍有能力和选择权来改变自己的情绪和态度，从而影响自己的生活和未来。

（七）特定形式的绘画

特定形式的绘画指的是本身已形成一套独有的、较为成熟的理念、技术、方法与规则的绘画治疗形式。特殊形式的绘画背后的理念往往与某些哲学、心理学的理论流派相吻合，在学校团体辅导中可以直接应用该形式的绘画，其技术本身就具备深层次的治疗效果，最重要的是考虑如何与团体辅导的主题及目标相结合。需要提醒的是，一些特定形式的绘画由于其机制与技术较为复杂，团体领导者在开展相关的活动前，需要进行相应技术的系统学习。

以下简单介绍两种特定形式的绘画。

1. 禅绕画

禅绕画起源于东方的禅宗哲学，结合了西方的绘画技巧，是一种简单而有趣的绘画方式。禅绕画主要是通过绘制简单、重复的线条和图案，逐渐填满一个给定的空间，形成一个完整且独特的作品，过程中强调作画者的放松与专注。禅绕画的核心思想是通过自由、无拘束的线条和图形的创作，达到放松心灵、消除焦虑和提高注意力的效果。这种画法不追求画面的完美与精确，而是强调过程中的沉浸和专注。在学校团体辅导中，禅绕画作为一种非常有力的工具，可以帮助学生放下日常压力，回归内心的平静。其简洁的线条和形式，使得学生能够轻易尝试和投入，从而体验到创作过程中的平静和喜悦。

2. 曼陀罗绘画

曼陀罗在梵文中意为"圆"或"中心"。曼陀罗绘画是一种源于古代的绘画技巧，是以圆形为中心，采用对称与重复的图案进行填充，形成一个代表个体内在世界的复杂的、和谐的图案。在心理学领域，曼陀罗绘画被用作一种深层次的自我探索和治疗工具。在团体辅导中，通过绘制和分享曼陀罗，学生不仅可以进一步地表达自我，激活创造力，还可以与他人建立深层次的联系和共鸣。曼陀罗绘画不仅可以帮助学生放松，还可以帮助其触及心灵深处，带来治愈和启示。

四、学校绘画治疗团体辅导在不同阶段中的设计应用

绘画治疗在学校团体辅导的不同阶段中的应用方法、关注重点及挑战各不相同。根据清华大学樊富珉教授提出的团体辅导三阶段观点，就绘画治疗在团体辅导的初创阶段、工作阶段和结束阶段的具体应用进行介绍。

（一）绘画治疗在团体辅导初创阶段的设计应用

对团体领导者而言，在学校团体辅导的初创阶段，面临着诸多的挑战。首先是如何在全新的、陌生的环境中建立学生之间的信任关系。彼此的相互信任是任何成功团体的基石。但如何在一群成长经历不同、彼此互相不了解的学生之间快速地建立起这种信任关系，尤其在他们初次相遇的情况下，是一个颇具挑战性的问题。在这个阶段，学生的抗拒和防御心理是难以避免的。人们往往对未接触过的、未知的事物抱有警惕和防备心理，故而在团体中，有些学生可能会持观望态度，不愿意主动地参与活动，这种心态往往会对团体的建立和进展产生阻碍。因此，如何在团体中迅速地让学生之间相互认识了解，如何充分调动每一个学生参与到团体活动中，拉近彼此的距离，是这个阶段里面的重要任务。此外，还有一些其他问题需要被注意。例如，如何调整团体中学生们各自的期望和目标，确保大家都朝着一个共同的方向努力；如何应对可能的成员流失，以及如何制定和维护团体的规则和结构，确保团体运作的有序和有效，等等。每一项挑战都需要团体领导者善于识别、处理和应对，从而确保团体辅导的成功进行。

绘画治疗以其独特的优势，在团体辅导的初创阶段中具有润滑剂和黏

合剂的功能，基本能有效地应对或缓解上述的问题。但是值得注意的是，在团体的初创阶段中，绘画治疗除了面对上述的挑战，同时还面临着源自其自身的一些特殊挑战，例如某些学生对绘画形式的抗拒。不是每位学生都习惯或喜欢通过绘画来表达自己。有些学生可能会对绘画活动感到抗拒或不舒服，尤其是那些觉得自己"不擅长画画"的人。

因此，绘画治疗在团体辅导初创阶段应用时，需要团体领导者具备敏锐的观察力和判断力，以识别并理解每位学生的特殊需要和担忧。团体领导者需要努力创设一个安全、无压迫感的环境，使得那些对绘画有所保留的学生也愿意尝试并参与其中。团体领导者可以采用一些策略，如初步的绘画技能介绍、强调过程而非结果的重要性，以及设计相对轻松的、具有高参与度的绘画活动，以鼓励每位学生跨出第一步。此外，团体领导者还需对绘画的内容进行恰当的引导。在学生分享绘画作品时，应当避免对画作的内容进行过于主观或刻板的解读，而是鼓励学生自行解释其作品，从中挖掘自己的真实感受和思考。这样不仅可以避免误解，还能进一步促进学生之间的沟通与交流。

以下介绍在学校团体辅导实践中的初创阶段可能会使用到的绘画治疗的方法和技术。

活动一："共情绘画"

【活动形式】无主题形式的轮流作画。

【活动目的】通过轮流绘画的方式，促进学生间的相互融合，创设轻松、愉快、接纳的氛围，让学生放下防御，发现彼此间的闪光点，收获体验感与信任感。

【适合对象】愿意参加团体辅导的具备理解规则能力的青少年及大学生。

【参加人数】6 ~ 15 人为佳。

【活动时间】20 ~ 30 分钟。

【活动场地】安静、明亮的室内空间，具有靠背的椅子或带有小桌板的活动椅子，确保可以轻松互动。

【活动材料】一盒 24 色或 36 色的彩笔。每位学生配一个画板夹、一张空白的 A4 纸。

【活动程序】

①给每位学生发一张 A4 纸，并让他们从彩笔盒中挑选一支自己最喜欢的颜色或能够代表自己独特色彩的彩笔。

②每位学生先闭上眼睛，在心里想象自己想绘制的一幅画。

③学生们用所选的彩笔画出自己想象中的画的一个部分或某个元素，确保这部分是用一笔完成的，无论是线段、曲线还是简单图形。

④每位学生将自己的画传给右（左）手边的人。拿到左（右）手边的画后，每位学生尝试理解上一个学生可能想表达的意思，并用手中的彩笔在画上加上自己的元素或继续画，时间约 45 秒。

⑤重复步骤④，直到每位学生都为每张画作过贡献。

⑥每位学生拿到自己最初的画，感受这幅画，参与分享与讨论环节。

【讨论要点】

①你最初想画的画是什么？

②最后你拿到这幅画的时候，你的感受是什么？

③这幅画里面，哪一部分让你感觉到最特别，为什么？

④如果让你给这幅画命名，你会起一个什么名字？

【补充说明】

以上内容只是一个活动的样板模型。轮流绘画的形式在团体的初创阶段中经常被使用，团体领导者可以根据团体的目标及自己的创意，为其进行命名，可以是"共情绘画"，也可以是"合作绘画"或者其他更有创意的名字，从形式上来说，最主要是引导每位成员充分地参与绘画活动。在活动程序的规则上，团体领导者可以灵活地调整与把握，在讨论要点上，也可以做适当的调整，但是要注意尽量避免在这个阶段出现具有评判性的结论，尽可能让每位成员感受到自己是特别的、有价值的，在一种轻松的、彼此接纳的氛围中进行活动。

活动二：“动物自画像”

【活动形式】个人主题绘画创作。

【活动目的】创设一个充满趣味与自由表达的环境，帮助学生轻松地开展自我介绍，展现自己的独特性，促进自我认知与自我表达，同时促进团体内部的相互了解和交流，建立初步的团体认同感和团体凝聚力。

【适合对象】愿意参加团体辅导的具备理解规则能力的青少年及大学生。

【参加人数】6～12人为佳。

【活动时间】20～30分钟。

【活动场地】安静、明亮的室内空间，有靠背的椅子或带有小桌板的活动椅子，确保可以轻松互动。

【活动材料】铅笔、橡皮擦、黑色签字笔、彩笔、蜡笔等。每位学生配一个画板夹、一张空白的A4纸。

【活动程序】

①团体领导者简要介绍活动目的及规则。

②给每位学生发一张A4纸，要求学生完成一幅自己的人物肖像，可以搭配使用铅笔、黑色签字笔、彩笔、蜡笔等工具，肖像可以是正面或侧面，但要确保五官和表情清晰。在绘制好自己的头部后，学生选择一个动物的身体与自己的头部结合，完成“人头＋动物身”的自画像。

③完成绘画后，学生依次进行自我介绍，并展示自己的作品，参与分享与讨论。

【讨论要点】

①你为什么选择这个动物来代表自己？

②在绘画过程中，你有什么样的感受？看到完成的作品时是什么样的感受？

③是否有其他成员选择的动物跟你是一样的？对比你和他（她）的作品，你有什么发现？

④通过这个活动，你对自己有了哪些新的了解和认识？

【补充说明】

"动物自画像"活动在初创阶段，可以作为团体成员相互认识或增进了解的一个主题活动，团体领导者可以尽量营造团体中轻松的氛围，让成员投入到分享环境中。由于是团体的初创阶段，一般不建议进行较深的自我表露，因此不建议团体领导者在一开始就引导成员进行过于深入的觉察与分享，可以采用积极关注的方式，关注成员绘画作品中展现的积极特征，及在分享自身与动物联系时展现的积极特征，同时关注不同成员之间的相似性，以此建立成员之间的联系。"动物自画像"活动也可以在团体的工作阶段中使用，因为该活动蕴含的心理投射效应较强，可以引导成员通过自由联想及分析等，进行较深层次的自我探索。

活动三：画出"对团体辅导的期待"

【活动形式】个人主题绘画创作。

【活动目的】通过绘画的形式，让学生深入探索并表达对团体辅导的期待与希望，增进学生之间的进一步了解，形成共同的团体期待与目标，拉近学生之间的心理距离，同时也进一步增强学生的积极性和对团体辅导成果的信心，为之后的团体活动打下良好的心理基础。

【适合对象】愿意参加团体辅导的具备理解规则能力的青少年及大学生。

【参加人数】6 ~ 15 人为佳。

【活动时间】20 ~ 40 分钟。

【活动场地】安静、明亮的室内空间，有靠背的椅子或带有小桌板的活动椅子，确保可以轻松互动。

【活动材料】铅笔、橡皮擦、黑色签字笔、彩笔、蜡笔等。每位学生配一个画板夹、一张空白的 A4 纸。轻柔、温馨的背景音乐。

【活动程序】

①播放轻柔而温馨的背景音乐，团体领导者引导学生想象经过了完整阶段的团体辅导活动，实现了自己对团体辅导的期待，自己的生活会发生什么样的变化。

②给每位学生发一张 A4 纸，要求学生把自己想象中发生变化的场景画下来，可以将铅笔、签字笔、彩笔、蜡笔等搭配使用。

③完成绘画后，学生可以分别展示自己的作品，参与分享与讨论。

【讨论要点】

①描述你的画面中的情景和元素，它们分别代表了什么？

②你期待通过团体辅导实现的最大变化是什么？

③在绘画和想象中，有哪些情感或想法浮现出来？

④你如何看待其他成员的期待？你有没有相似的期待？

⑤关于团体中多数成员共同或相似的期待，在接下来的团体辅导中，大家可以怎么做来促进这个期待的实现？

【补充说明】

画出"对团体辅导的期待"通过想象与绘画意象的结合，相比一般团体辅导中让成员写下对团体辅导的期待或使用语言描述表达的方式，更直观、生动、具体、形象及深入，作为团体辅导初创阶段的主要任务之一。在团体辅导的一开始形成的充满期待与憧憬的画面，可作为团体中的积极资源与素材。在该活动结束后，绘画作品可以由团体领导者代为保管，在最后一次团体辅导时，作为回顾与总结的素材，分发给每一位成员，让每位成员结合绘画作品，谈谈经过多次团体辅导后，是否实现了最初的期待，有哪些部分还未实现的，由此谈及未来的努力方向。

（二）绘画治疗在团体辅导工作阶段的设计应用

当团体辅导进入工作阶段，团体关系与内部的互动模式已经逐步趋向稳定，团体信任感与凝聚力已经形成。这个阶段的主要挑战是如何深化学生间的交流，挖掘学生内心深处的感受和思考，促进个体的成长和自我探索。与初创阶段不同，这个阶段更多的是对学生的深度工作，对团体目标和任务的进一步明确和实施。需要强调的是，工作阶段的团体氛围是团体辅导重要的疗愈因子，温暖的、尊重的、接纳的、自由的、安全的、支持的、合作的、真诚的团体氛围至关重要，只有以此为基础，学生才能充分打开心扉，展现真实的自己，同时相互给予对方最真实的反馈，实现真正的自我成长和团体的协同效应。

绘画治疗在团体辅导的工作阶段能够发挥其深入探索和调动内心情感的强大作用。绘画作为一种非语言的交流方式，能够帮助学生绕过常规的认知和语言层面，直接触及情感和潜意识，从而更加真实、深入地表达自己。在工作阶段，团体领导者可以设计更有深度的绘画主题，引导学生进入其内心深处，与自己的真实情感和想法建立联系。与初创阶段相比，工作阶段的活动设计不再追求形式的新颖、趣味或多样性，而是注重活动本身的治愈效果和深入程度。虽然初创阶段可能涉及多种绘画活动，但在工作阶段，单一且深入的活动，只要能紧密契合团体的目标并激发学生的深度参与和体验，就已足够。这样的活动往往更能引发学生之间的深度共鸣和连接。

然而，这个阶段的绘画活动可能会触及学生的敏感和脆弱之处。对于那些在生活中曾受过伤害、有过痛苦经历的学生，绘画过程可能会触发他们的某些痛苦回忆。因此，团体领导者需要具备丰富的经验和专业知识，去妥善处理这些情况，借助团体的力量为学生提供支持和疗愈。

此外，团体领导者还需要注意平衡团体和个体的需求。在工作阶段，可能会有些学生比其他学生更为活跃，他们偏个人化的分享可能会占据更多的团体时间。团体领导者需要把握团体的整体节奏，确保每一位学生都有平等的机会参与和分享，确保团体的和谐和稳定，朝向团体目标推进。

为了更好地呈现绘画治疗在学校团体辅导工作阶段中的应用，下面例举以大学生群体为对象，以"自我认识"与"情绪管理"为主题进行的团体辅导，介绍在此阶段中可能应用的技术与方法，以更好地理解该阶段活动设计的思路与重点。

活动一：画出"阴影"①

【活动形式】个人主题绘画创作及深度分享

---

① "自我认知"主题第 6 次团体辅导活动，6/8。

【活动目的】为学生营造一个能让他们勇敢地揭示、面对和拥抱自身脆弱或隐藏的一面的安全场所，深化学生对自我和"阴影"的理解，增进学生间的共鸣和深度体验，鼓励学生全面地观照、融合其"阴影"，从而提升自我认识和接纳的程度。

【参加人数】6 ~ 12人为佳。

【活动时间】60 ~ 75分钟。

【活动场地】安静、宽敞、充足的自然光线的空间，方便绘画和展示。

【活动材料】大幅的画纸或白卡纸；彩色油画棒、彩色铅笔或水彩笔；彩色卡纸、剪刀、胶水（供裁剪、拼贴）。

【活动程序】

①团体领导者介绍心理学家荣格的人格理论中关于"阴影"的概念。

②请学生闭眼深呼吸，放松身心，感受内心中的"阴影"人格，若将其具象化，可能是什么形状、颜色。

③学生选择绘画或裁剪、拼贴的形式，表达出他们对"阴影"的理解与感受。

④完成后，学生轮流展示与分享作品。

【讨论要点】

①你画中的"阴影"呈现的是什么？你是如何理解和感受到自己的"阴影"部分的呢？

②如果给画中的"阴影"命名，你会取一个什么名字？

③如果画中的"阴影"会说话，它可能会想向你表达什么？你又会如何回应？

④听完大家的分享，你觉得大家的"阴影"有什么样的共同或相似的地方吗？

⑤在未来，你打算如何跟自己的"阴影"相处？

⑥通过体验参与这个活动，你对自我认识有什么不一样的觉察或发现吗？

【补充说明】

画出"阴影"绘画主题活动将荣格心理学中较为抽象的"阴影"概念以绘画这种直观、象征性的方式具象化，让成员可以直观地感受和连接自己的"阴影"。绘画作为一种非语言的表达手段，往往能绕开我们常有的语言防御机制，更直接、更真实地呈现内心深处的情感和想法。当"阴影"以颜色、线条和形状的方式展现在纸上时，当成员对"阴影"命名时，实际上"阴影"已经被"外化"了，它不再是隐藏在内心深处的见不得光的沉重包袱，这与后现代叙事疗法中的外化技术相呼应。这样的"外化"不仅帮助成员与其"阴影"建立一种联系，还为他们提供了一个机会，与自己的"阴影"进行深度对话，进一步探索、认识和整合这一人格中重要的一部分。由于不同成员的"阴影"具有相似性，团体领导者可以多利用"普遍性"这一治疗因子帮助成员理解、领悟与接纳。

活动二："情绪转化之旅——从困扰到力量" [①]

【活动形式】渐进式转化主题绘画创作

【活动目的】帮助学生识别和表达他们最近感受到的困扰和情绪，通过绘画创作的沉浸式体验，为学生提供一个安全的方式来探索和处理自身的情绪；通过创意过程帮助学生设想和实现情绪的转变和解决方案，进一步觉察和认同自己身上的积极资源和力量；通过团体的相互分享与反馈，帮助学生建立更深的自我理解，增强彼此间的共鸣，让学生从团体中获得支持与鼓励，以更积极的方式应对自己的困扰和情绪，获得心灵上的平衡与成长。

【参加人数】6～12人为佳。

【活动时间】40～60分钟。

【活动场地】一个安静、私密的室内空间，确保可以自由地绘画和分享，不受外界干扰。提供带靠背的椅子及小桌板等可供学生绘画的

---

① "情绪管理"主题第6次团体辅导活动，6/8。

设备。

【活动材料】每人配备画板或其他支撑绘画的工具，多张适宜绘画的纸张。铅笔、绘画笔、蜡笔、彩笔、水彩、颜料等多种可供自由选择的绘画工具；剪刀、胶水（供裁剪、拼贴）等。

【活动程序】

①引导学生安静下来，深呼吸，回想最近让他们感到困扰的事情。

②指导学生思考这件事情带给他们的情绪，并考虑如何在纸上表达这些情绪。

③首轮绘画：学生开始绘画，将自己、困扰自己的事情以及情绪通过绘画进行呈现。

④完成首轮绘画后，学生短暂地反思他们的作品，并体验作品带给他们的感觉。

⑤第二轮绘画：学生在首轮绘画的基础上进行调整，通过补充或改变其中的一些元素（可采用绘画或与裁剪等方式结合），呈现事件得到妥善处理，自己及自己的情绪发生改变的画面。

⑥完成第二轮绘画后，学生轮流展示和分享他们的作品，其他学生可以提供反馈和支持。

【讨论要点】

①你在绘画过程中有什么特别的体验或感受吗？

②你是如何在绘画中表达你的情绪和困扰的？

③在第二轮绘画中，你是如何调整或改变你的画面来表示情绪的转变和解决方案的？

④你的作品中有哪些元素或部分特别地反映了你的内心感受？

⑤你觉得这次绘画活动帮助你理解和处理自己的情绪了吗？如果是，具体是哪些方面？

⑥你在分享作品时有什么感受？听到其他成员的分享，你有什么想法或感触？

⑦你觉得今天的活动有哪些地方是对你特别有帮助的？

【补充说明】

该活动在情绪管理或压力管理主题的团体辅导中较为常见。通过渐进式转化主题绘画的形式，将人与事、情绪分离，让成员主动调整与转化，挖掘其内在的积极力量。加之工作阶段的团体辅导具有支持性团体氛围，能够有效地帮助成员面对、理解和转化自己的情绪情感，从而实现更健康、平衡的心理状态。该活动在形式上可能显得简单，但真正的挑战在于如何赋予其深度和意义。这需要团体领导者在活动过程中细致地观察成员的反应和表现，并在关键时刻提供启发式的引导。这种引导不仅能够帮助成员深入探索和理解自己的情感，还能促进团体之间的交流和引发共鸣，从而实现活动的真正目标。

（三）绘画治疗在团体辅导结束阶段的设计应用

随着团体辅导逐渐走向尾声，结束阶段的到来标志着一个重要的节点：学生们将要结束这一阶段的集体心灵之旅，重新回到各自的生活轨道上。在这一阶段，团体的核心任务是对过去的经验进行回顾、总结和整合。这不仅仅是一个简单的回忆过程，还是一个深度的自我反思和成长的机会。每位学生都将重新审视自己在团体中的角色，他们的互动、冲突、合作，以及每一个情感的起伏。处理分离的情绪在这一阶段尤为关键。团体辅导的结束并不意味着关系的结束，而是一个新的开始。团体领导者需要引导学生们认识到，尽管团体辅导在形式上结束了，但他们所建立的关系、所学到的技能和所获得的洞察力都将伴随他们走向未来。这是一个转化的过程，将团体的经验转化为个人的力量。此外，确保学生能够将所学所感带入日常生活也是这一阶段的重要任务。总的来说，结束阶段是一个过渡和连接的阶段，它连接了团体的过去和每位学生的未来。在这一阶段，团体领导者的任务是帮助学生完成这一过渡，确保他们能够带着团体的经验和收获走向未来，继续他们的成长之路。

绘画治疗在团体辅导的结束阶段具有特殊的价值。首先，它为学生提供了一个具体和直观的方式，帮助他们回顾和整合其团体经验。通过绘画，学生可以再次回忆和感受他们在团体中的每一个时刻，从而更好地理解和珍惜这段经历。

其次，绘画治疗还可以帮助学生处理分离的情绪。结束阶段往往伴随着一些不舍的情绪，团体领导者可以引导学生通过绘画来表达这些情感，从而更好地面对和接受即将到来的分离。团体领导者在这一阶段还需要确保每位学生都能够总结自己在团体中的收获，彼此给予支持，肯定他们在团体中的进步和成长。绘画治疗为此提供了一个独特的媒介，学生们可以通过他们的作品来展示自身的成长和变化，同时也可以通过欣赏他人的作品来了解和肯定他人的进步。

最后，团体领导者还需要选用科学的、客观的方法，或者与主观结合的方法来评估团体的效果。绘画治疗为此提供了一个有力的工具，团体领导者可以通过回顾分析学生的作品来了解他们的变化和进步，从而更好地评估团体的效果。

以下介绍在学校团体辅导实践中，团体的结束阶段可能会使用到的绘画治疗的方法和技术。

活动一："回溯与收获——团体旅程的六宫格回顾"

【活动形式】六宫格主题个人绘画创作。

【活动目的】回顾和总结团体辅导中的关键时刻和经验；促进学生对自己在团体中的成长和收获的认识；通过绘画和分享，加深学生间的连接，为结束团体辅导营造温馨而充满支持性的氛围。

【适合对象】愿意参加团体辅导的具备理解规则能力的青少年及大学生。

【参加人数】6～15人为佳。

【活动时间】30～50分钟。

【活动场地】一个安静、明亮、宽敞的室内空间，确保可以自由地绘画和分享，不受外界干扰。

【活动材料】A3大小的白纸，每人一张。铅笔、绘画笔、彩笔、蜡笔、颜料等绘画工具。尺子或直尺，用于划分六宫格。

【活动程序】

①团体领导者简要介绍活动的目的和流程。

②每位学生通过折纸或使用尺子在 A3 纸上划分出六个相同大小的六宫格区域。

③在上面的三个区域，绘制在团体辅导中印象最深刻的事情或时刻；在下面的三个区域，绘制参加团体辅导最大的收获。可以使用符号、意象元素等来表现。

⑤完成绘画后，邀请学生轮流分享自己的绘画内容，描述他们的回溯和收获。

【讨论要点】

①团体辅导中的哪些时刻或事件让你产生了深刻的印象？

②你如何通过绘画表达这些时刻或事件？

③通过团体辅导，你得到了哪些收获？

④你是如何通过绘画来体现这些收获的？

⑤你的收获与其他成员有何相似之处？有何不同之处？

⑥如何将这些收获应用到未来的生活中？

【补充说明】

该活动只是一种样板活动，团体领导者可以根据该样板设计不同形式的多宫格绘画，重点在于回顾与总结收获。相比单纯通过语言进行回顾总结的活动，在结束阶段通过绘画主题活动形成的作品可以给每位成员留下纪念，在团体结束后仍然能勾起其回忆，提醒成员那些美好的时刻与在团体中获得的收获。该活动也有助于团体领导者回顾与审视先前的团体辅导活动中，哪些元素是更具有疗愈性的，方便过后的复盘与总结。作为总结阶段的活动，团体领导者应在活动中以积极关注的方式，促进团体成员之间的相互反馈与共鸣，调动起成员的积极情绪。

活动二：“情感彩虹”

【活动形式】个人绘画与集体展示。

【活动目的】帮助学生反思和总结在团体辅导过程中的情感旅程，让学生以色彩和形象表达内在的情感历程，并通过集体展示分享彼此的成长和感受。

【适合对象】愿意参加团体辅导的具备理解规则能力的青少年及大学生。

【参加人数】6～15人为佳。

【活动时间】45～60分钟。

【活动场地】宽敞、安静的、适合个人绘画和集体展示的室内空间。

【活动材料】画纸、彩笔、颜料、展示板。

【活动程序】

①情感回顾与构思：团体领导者引导学生回顾他们在团体中的情感变化，从最初的陌生、探索，到逐渐的熟悉、信任，再到最后的告别与总结。请学生思考这些情感变化，并将其形象化为一幅彩虹图案。

②绘制情感彩虹：每位学生在画纸上绘制象征他们情感变化的彩虹。彩虹的每一条色带可以代表一个特定的情感阶段，学生可以自由选择色彩和形状来表达这些情感。

③彩虹展示与分享：绘制完成后，团体成员将各自的情感彩虹展示在一起，并分享他们的绘画作品。每位学生可以讲述他们彩虹中的每个色带所代表的情感，以及这些情感对他们的意义。

④集体讨论与总结：领导者引导学生讨论他们的情感旅程，探讨这些情感变化如何影响他们的团体体验和个人成长。学生们可以互相鼓励和支持，并总结他们在团体中的整体情感历程。

【讨论要点】

①你的情感彩虹中，每一条色带代表了什么？这些情感变化是如何发生的？

②通过绘制和展示彩虹，你如何看待自己在团体中的情感旅程？

③其他成员的彩虹作品对你有何启发或触动？

④你打算如何将这些情感经历带入你未来的生活中？

【补充说明】

"情感彩虹"是一项旨在帮助成员回顾和表达他们在团体辅导过程中的情感历程的活动。通过彩虹的形象化表达，成员能够更清晰地认识到他们的情感变化，并在集体展示中分享和接纳这些情感。成员分享作品及相互交流反馈的过程，就是情感的凝聚与升华，有助于成员在团体结束阶段获得情感上的整合和理解，并总结团体中的成长及情感上的收获，为分离做好准备。

第三章　音乐治疗团体辅导在学校领域的设计应用

一、音乐治疗团体辅导简介

音乐治疗（music therapy），作为一种表达性艺术治疗形式，利用音乐这一非语言的媒介，帮助个体表达内在的情感和想法。音乐治疗通过旋律、节奏、歌词等音乐元素，为个体提供了一种有效的情感疏导途径，使个体能够在不依赖语言表达的情况下释放压力、调节情绪，并探索自我。与其他艺术治疗形式相比，音乐治疗具有特殊的感染力和亲和力，这使其成为学校中普遍应用的心理辅导方法之一。

在学校环境中，学生面临的压力源多种多样，如学业负担、人际关系、青春期的情感困惑等，音乐治疗为学生提供了一个安全且富有创造性的空间，通过音乐来释放和调节这些情感压力。在团体辅导中，音乐治疗能够有效促进学生之间的互动和情感交流，为他们建立一个充满支持和理解的团体环境。对于那些不善于用语言表达自己情感的学生，音乐治疗特别有帮助，因为它提供了一种更为自然和直观的表达方式，使学生能够通过音乐元素来表达复杂的内心感受。

音乐治疗的一个重要特点是它对技术或音乐能力的要求不高，这使得它在学校环境中具有广泛的适用性。无论学生是否具有音乐基础，他们都可以通过简单的乐器、声音和节奏参与音乐治疗活动。这种包容性使音乐治疗成为一种极具潜力的团体辅导形式，在促进学生心理健康的同时，也增强了他们的自信心和提高了自我表达能力。

在学校中，音乐治疗团体辅导的应用方式多种多样，既可以作为独立的心理辅导活动，也可以融入日常的教育教学中。例如，学校可以在音乐课或心理辅导课中引入音乐治疗元素，或组织专题音乐工作坊、合唱团和音乐节等活动，鼓励学生通过音乐进行情感表达和交流。通过这些形式，音乐治疗不仅丰富了学生的艺术体验，还成为学校促进学生心理健康和全面发展的重要工具。

综上所述，音乐治疗团体辅导在学校中具有广泛的应用前景和显著的疗愈效果。音乐治疗团体辅导不仅为学生提供了一个释放情感和调节情绪的途径，也为学校创造了通过音乐促进学生心理健康的有力工具。通过将音乐与心理辅导相结合，学校能够在日常教育中融入美育元素，促进学生的心理成长和情感发展，同时营造出一种关注学生心理健康的校园氛围，助力学生群体的全面发展。

二、音乐治疗团体辅导在学校领域中的应用优势

（一）音乐治疗团体辅导帮助学生调适情绪与减轻压力

音乐治疗团体辅导在帮助学生调适情绪和减轻压力方面具有显著的效果。在学校环境中，学生常常面临学业压力、人际关系的紧张以及自我认同的困惑，这些挑战会导致他们的情绪波动和心理负担加重。音乐治疗团体辅导通过其独特的旋律、节奏和歌词，为学生提供了一条自然的情感宣泄途径。在音乐治疗团体中，学生能够在支持性的集体氛围中，通过音乐的共鸣，轻松表达和释放内心的复杂情感，如喜悦、悲伤、焦虑和愤怒。这种情感的调适过程，不仅能帮助学生疏导负面情绪，还能引导他们以更加积极和建设性的方式应对生活中的各种挑战，进而促进整体心理健康。

此外，音乐治疗团体辅导还通过音乐的旋律与和声，为学生提供了有效的减压方式。在快节奏的学习生活中，学生可以通过音乐团体活动找到内心的平静与放松。音乐和谐与舒缓的节奏能够缓解他们的焦虑与紧张，帮助他们恢复心理平衡。通过参与音乐治疗团体辅导，学生学会了如何在音乐中找到心灵的出口，减轻心理压力，并在集体支持下，更自如地应对压力和情感波动。这种集体形式的音乐治疗不仅提供了情感的调适，还为学生建立了一个心灵庇护所，使他们在面对生活中的挑战时，能够保持心理的稳定与平静。

（二）音乐治疗团体辅导帮助学生提升社交技能与团队合作能力

音乐治疗团体辅导在促进学生的社交技能和团队合作方面展现出显著的优势。在学校的团体辅导中，通过合唱、乐队演奏或即兴音乐创作，学生能够在一个协作的环境中体验到团队合作的乐趣。音乐治疗团体辅导为学生提供了一个社交舞台，使他们能够在共同的音乐创作过程中相互支持、沟通与合作。

这种集体协作不仅帮助学生打破彼此之间的隔阂，还为他们建立深厚的友谊和信任奠定了基础。在音乐治疗团体活动中，学生学习如何倾听他人、协调动作与节奏，以及如何在团体中发挥自己的作用，共同完成音乐作品。这些在团队合作中培养的技能对学生的个人成长和未来的社交能力发展至关重要。通过音乐治疗团体辅导，学生不仅能够提升他们的社交技能，还能够在团体中找到归属感和认同感，为未来的人际交往打下坚实的基础。

（三）音乐治疗团体辅导促进学生的自我认知与价值感构建

音乐治疗团体辅导不仅是情感表达的有效途径，更是增强学生自我认知和构建自我价值感的重要工具。在团体辅导的环境中，学生通过音乐创作和表演，能够深入探索自己的情感世界，表达他们的梦想、恐惧和希望。

音乐治疗团体辅导鼓励学生倾听内心的声音，帮助他们在集体中更好地理解自己的情感和需求，从而建立起更强烈的自我认同感和价值感。

在学校环境中，音乐治疗团体辅导能够帮助学生发现他们的优势和独特之处，增强他们的自信心和自尊心。通过这种深层次的自我探索，学生不仅在心理健康方面得到了促进，还能够找到学业和生活中的内在动力和方向。音乐治疗团体辅导的集体支持，使学生在自我认知的过程中感受到理解与共鸣，这对于他们的全面发展具有深远的影响。通过音乐治疗团体辅导，学生不仅能够实现自我认知的提升，还能够在集体中构建起坚定的价值感和自我认同感，使他们在面对未来挑战时，保持内心的平衡与坚定。

（四）音乐治疗团体辅导通过创意表达激发学生的想象力与创造力

音乐治疗团体辅导为学生提供了一个广阔的创意表达平台，通过集体的音乐创作和即兴表演，学生能够自由发挥他们的想象力，探索各种可能性。这种创意表达不仅丰富了他们的艺术体验，还激发了他们的创造性思维，帮助学生在学习和生活中培养创新能力。

在音乐治疗团体辅导中，学生能够通过无界限的创作空间，不断挑战自我，打破传统思维模式，探索新的表达方式。在集体创作的过程中，学生不仅能够表达独特的思想和观点，还能够在与他人的合作中发掘潜在的创作天赋。这种集体性的音乐治疗活动，能让学生在共同的艺术创作中找到灵感，激发他们的创造潜力，使他们能够以更加创新的方式面对未来的挑战。通过音乐治疗团体辅导，学生不仅发展了他们的想象力和创造力，还为他们的个人发展和职业生涯奠定了坚实的基础。

这些优势展示了音乐治疗团体辅导在学校环境中的全面应用，音乐治疗团体辅导不仅帮助学生调适情绪、发展社交技能，还在激发创造力、提供心理支持方面发挥了重要作用。通过音乐治疗团体辅导，学生能够在一个支持性和创造性的集体环境中得到全方位的发展。

三、音乐治疗团体辅导在学校应用中的常见活动形式

在学校环境中，音乐治疗团体辅导的多种活动形式为学生提供了丰富多样的心理健康支持。这些形式不仅适应学生的心理发展需求，还能够结合学校的教育目标，促进学生的全面成长。以下是几种在学校场景中常见的音乐治疗团体辅导活动形式，每一种形式都具有其教育和心理辅导价值。

（一）合作演奏

合作演奏是音乐治疗团体辅导在学校应用中最常见的活动形式之一，强调团体中的每位学生共同参与音乐演奏的过程。合作演奏最常见的方式包括同步演奏和接龙演奏两种。

1. 同步演奏

同步演奏是一种高度互动的音乐活动形式，所有参与者在同一时间共同参与音乐演奏。无论是即兴创作还是演奏预设的曲目，所有参与者都需要在同一时间内进行演奏，从而形成一个整体的音乐作品。同步演奏不仅强调节奏和旋律的协调性，还要求参与者在演奏过程中保持对他人的敏感度和合作意识。

同步演奏的过程中，参与的学生能够实时感知到他人的音乐表达，并通过即兴的回应或预设的演奏与他人产生共鸣。通过这样的互动，学生可以在音乐交流中体验到集体的力量，感受到音乐带来的情感连接和心理支持。这种集体音乐体验不仅能够增强团体的凝聚力，还能帮助学生培养情感共鸣，提升即兴反应能力以及在团体中的合作意识和沟通技巧。

2. 接龙演奏

接龙演奏是一种更具结构性和顺序性的合作演奏方式。与同步演奏不同的是，接龙演奏要求团体中的每位成员按照一定的顺序依次进行演奏。通常情况下，一位成员会首先演奏一段旋律或节奏，然后下一位成员在此基础上进行延续和发展，如此循环下去，直到所有成员都完成了自己的部分。

在学校团体辅导中，接龙演奏不仅考验每位学生的演奏技巧，还需要他们具备良好的聆听能力和音乐理解能力。每位学生在演奏时不仅要展现自己的创意和个性，还要尊重和延续前一位学生的音乐表达。这种方式强调的是团队合作与创意的接力，通过共同的努力，最终形成一个完整且多层次的音乐作品。接龙演奏帮助学生体验到音乐创作的连续性与多样性，培养了他们在团体中的责任感与合作精神。

无论是同步演奏还是接龙演奏，合作演奏的核心在于团体成员之间的互动与协同。整个过程通常是在一个安全且具有支持性的环境中进行，鼓励学生通过音乐探索自我、表达情感，并与他人建立深层次的联系。在合作演奏的过程中，学生不仅学会了如何在音乐中表达自我，还学会了如何倾听他人、与他人合作，共同创造出一种和谐的音乐体验。这种音乐合作的过程有助于提高学生的自信心和自我效能感，同时也为他们提供了一个在团体中感受归属感与成就感的机会。

在实际的团体辅导活动中，这两种形式可以根据具体的活动目标和团体需求单独呈现，也可以结合在一起使用。例如，团体可能会先通过同步演奏来建立集体的共鸣与合作基础，然后再通过接龙演奏进一步深化学生之间的互动与创作过程。当同步演奏和接龙演奏结合使用时，学生不仅能体验到同时演奏带来的即刻互动与情感共鸣，还能通过接龙演奏深入理解他人的音乐表达，并在此基础上进行创造性的发展。这种结合的形式能够丰富团体音乐治疗的体验，帮助学生在不同的互动层面上找到自我表达与团队合作的平衡点。

通过合作演奏，团体辅导能够有效地帮助学生在音乐的氛围中发展社交技能，增强团队合作能力，并提升他们的情感认知与心理韧性。这种集体音乐活动不仅有利于实现学校心理健康教育的目标，还为学生提供了一个充满乐趣和教育意义的学习与成长机会，从而促进学生的全面发展。

（二）节奏体验

节奏体验是音乐治疗团体辅导在学校中广泛应用的核心活动形式之

一。这种活动不仅能够帮助学生通过感知和表现节奏来释放情绪，还能够培养他们的专注力、身体协调性以及团队协作能力。节奏作为音乐的基本元素，直接与人的生理节律和心理状态相关，因此，学生在节奏体验中能够通过多种方式与音乐产生深刻的互动，促进音乐感知力和心理健康的发展。特别是当节奏与情感表达相融合时，学生能够通过音乐和节奏更深入地理解和表达内在的情感。在团体辅导活动中，团体领导者可以引导学生通过不同的节奏模式来表达各种情感，例如用快速、强烈的节奏表达兴奋或愤怒，用缓慢、柔和的节奏表达平静或悲伤。学生可以通过打击乐器、身体动作或其他节奏工具，探索和表现自己内心的情感状态，从而在节奏的律动中找到自我表达的途径，并提升情感认知与心理调节的能力。

以下是几种学校音乐治疗团体辅导中常见的节奏体验形式。

1. 打击乐节奏体验

打击乐节奏体验是一种通过使用各种打击乐器（如手鼓、沙锤、三角铁、木鱼等）来帮助学生感受和表达节奏的活动形式。这种活动通常由团体领导者引导，从简单的节奏模式开始，然后逐步过渡到学生的自由即兴演奏。团体领导者可以根据学生的年龄、能力以及团体的动态，选择适合的节奏模式，从最初简单重复的节奏，到更为复杂的多层次结构节奏，逐步提高活动的难度。

在打击乐节奏体验中，团体中的学生通过打击乐器直观地感受到节奏的力度、速度和动态变化。演奏过程不仅能帮助学生调节情绪，释放内在的压力，还为他们提供了一个在音乐中找到稳定感和安全感的途径。打击乐的节奏体验可以通过合作演奏的形式来进行，要求所有学生以同步或接龙的方式进行演绎。在同步演奏时，所有学生同时参与，形成统一的节奏；在接龙演奏时，每位学生依次加入，将个人的节奏与整体相结合。这种团体合作不仅能够增强团体的凝聚力，还能通过集体的节奏互动促进学生之间的合作精神和默契。这种体验让学生在音乐的过程中，不仅仅是参与者，更是与他人共同创作的合作者，进一步加深了他们之间的信任与合作。

此外，打击乐节奏体验还为学生提供了一个非语言的交流平台，使他们能够通过音乐与他人互动和沟通。在集体创作节奏的过程中，学生学会了如何倾听他人的声音，调整自己的节奏，以确保整体演奏的和谐与统一。这种互动不仅有助于增强团体的合作意识，还能帮助学生在团体中建立起更紧密的联系，增强归属感。

2. 身体节奏体验

身体节奏体验是一种通过使用身体动作（如拍手、踩脚、击打身体其他部位等）来感受和表达节奏的活动形式。这种活动形式非常灵活，适合在没有乐器的情况下进行，随时随地都可以开展。团体领导者可以带领学生模仿特定的节奏模式，或通过音乐伴奏进行身体节奏的互动，例如开展"身体打击乐"或"身体节奏接龙"游戏。

在身体节奏体验中，学生们通过各种富有趣味的身体动作与节奏直接产生联系，增强了他们对节奏的感知能力和身体协调性。通过拍手、踩脚、击打身体部位等生动有趣的方式，学生们不仅能够感受到节奏的律动，还能在轻松、愉快的氛围中释放情感。这种体验尤其能够在没有语言交流的情况下，通过节奏与动作的结合，帮助学生更自然地表达情感，增强他们的情感表达能力和自我认知。

在团体辅导中，身体节奏体验能够通过互动游戏和合作动作培养学生的合作意识。在这些富有趣味的活动中，学生们需要通过身体动作与他人保持同步或进行互动，而团体的合作精神和默契也在欢声笑语中逐渐增强。通过这些充满乐趣的节奏活动，学生们不仅享受到了音乐带来的快乐，还在无形中提升了情感表达能力和团队协作技巧。

通过身体节奏体验，学生不仅能够更好地理解和掌握节奏的基本概念，还能够在团体活动中学会如何与他人合作与沟通。这种活动形式对学生的身体协调性、节奏感和团队合作能力有着积极的影响，有助于学生的身心协调发展。

（三）歌词创作

歌词创作是学校音乐治疗团体辅导活动中极具表现力的一部分，它为学生提供了通过语言、文字表达内在情感、思想和观念的机会。这种活动不仅能够激发学生的参与热情，还能够帮助他们通过文字深入探索自己的内心世界。在音乐治疗团体辅导中，歌词创作可以以多种形式进行，以下是两种主要的创作方式。

1. 集体创作演绎

在集体创作歌词的过程中，整个团体围绕一个共同的主题展开创作讨论。这种形式通常由团体领导者引导，先确定一个与成员当前情感状态或讨论主题相关的中心思想或故事，然后每一位成员都可以说出自己心里的句子、短语或想法。通过集体的智慧和合作，这些零散的创意最终融合成一首完整的歌词作品。在学校团体辅导中，通过这样的集体创作，学生能够学习如何倾听他人的意见，并通过讨论和妥协达成共识，这不仅有利于提升其团队合作能力，还能增强彼此之间的情感联系。完成的歌词通常会由整个团体共同演绎。演绎的过程进一步加强了团体的凝聚力，使每位学生都能在集体的音乐表达中找到自己的位置和价值。这种集体创作的经历还帮助学生在共同的艺术创造中体验到成就感和集体荣誉感，并激发他们对团体的归属感和责任感。

2. 个人创作与分享

每位学生创作属于自己的歌词并在团体里进行分享与演绎。在这种形式中，每位学生可以根据自己的情感经历、思想或观念独立创作歌词，完全自由地选择主题、表达方式和语调。这种形式特别适合鼓励学生深入挖掘个人内心世界，表达那些平时难以用口头语言传达的复杂情感。创作完成后，学生将自己的作品在团体中进行分享，通过朗读或演唱的形式展示给其他学生。分享过程中，其他学生作为听众，可以通过倾听和反馈，与创作者建立情感连接。这种形式不仅提升了创作者的自信心，也促进了学生之间的情感理解与相互支持。通过反馈和讨论，学生还可以获得新的视角和灵感，进一步深化他们的创作体验。

在这两种歌词创作形式中，学生们都能够在安全和具有支持性的团体环境中探索和表达自我。集体创作强调合作与集体智慧，个人创作则鼓励自我表达与个性展示。无论哪种形式，歌词创作都提供了一个途径，帮助学生通过文字和音乐来理解、处理和表达情感。团体情境下的歌词创作，不仅有助于发展他们的语言能力和艺术感知力，还促进了其心理健康的发展。

（四）音乐聆听与讨论

音乐聆听与讨论是学校音乐治疗团体辅导中常见且有效的一种活动形式，通过音乐的感知与分享，帮助学生探索和表达内在的情感世界。在这一过程中，学生们首先在团体领导者的引导下，安静地聆听一段特定的音乐作品。音乐的选择通常根据学生的年龄、情感状态以及团体的目标而定，可能是舒缓的旋律、激昂的乐章，或者是带有故事情节的歌曲。

聆听音乐时，团体领导者会鼓励学生专注于音乐的情感表达和个人感受，将自己完全投入到音乐的情境中。音乐的旋律、节奏、和声等元素不仅能引发学生的情感共鸣，还能激发学生对自身情感的反思与理解。聆听结束后，团体辅导进入讨论环节，每位学生分享自己在音乐中的情感体验和感悟。这种讨论不仅仅停留在对音乐的表面理解，更深入到学生的内心世界，帮助他们通过音乐的镜子看到自己真实的情感反应。

在讨论中，学生可以通过表达对音乐的感受来探索自身的情感，并从他人的分享中获得不同的视角和共鸣。这种集体讨论的形式，有助于学生学会如何更好地表达和处理情感，增强了他们的共情能力和社交技巧。通过音乐的交流，学生们在团体中感受到了被理解和支持的氛围，进一步促进了彼此之间的情感联系与信任。

音乐聆听与讨论不仅为学生提供了一个情感表达的平台，还创造了一个安全的环境，让学生能够进行深入的自我探索与表达。这种活动形式不仅帮助学生在团体中学会倾听与理解他人的情感，还通过音乐的共同体验，促进了彼此间的情感交流与共鸣，进而促进其心理健康和人际关系的改善。

（五）歌曲演唱与讨论

歌曲演唱与讨论是学校音乐治疗团体辅导中最常见且受欢迎的活动形式之一。歌曲演唱通过让学生亲自演唱歌曲来表达内心的情感与想法。这一过程不仅激发了学生的音乐表现力，还增强了他们的自信心和自我表达能力。

在活动开始时，团体领导者通常会选择一首具有特定主题或蕴含心理教育意义的歌曲。歌曲的选择应根据团体的目标、学生的年龄和情感需求来决定，可能是传递积极能量的励志歌曲，或者反映生活经历的抒情歌曲。在引导学生熟悉歌曲的旋律与歌词后，领导者会鼓励他们根据自己的情感体验对歌词进行理解和反思。

演唱环节是活动的核心部分，学生可以选择独唱、合唱或分组演唱的形式，将歌曲演绎出来。通过演唱，学生将内心的情感投射到音乐中，以更为直接和有力的方式表达自我。在演唱的过程中，音乐的旋律和歌词能够引发学生之间的共鸣，使他们感受到一种强烈的情感连接。

演唱结束后，团体辅导进入讨论阶段。每位学生分享他们在演唱过程中的情感体验，讨论歌曲中的情感表达与自己生活中的情感经历之间的联系。团体领导者引导学生反思和探讨歌曲中的主题，鼓励他们分享自己如何理解歌词以及这些歌词对他们生活的影响。通过这种深入的讨论，学生们不仅能够更加清晰地理解自己的情感，还可以从他人的分享中获得新的视角和启发。

这种歌曲演唱与讨论的形式，不仅帮助学生在团体中增强了自我表达与情感理解的能力，还通过音乐的共同体验，促进学生之间的情感联系与信任。演唱与讨论相结合的方式，使得音乐治疗不仅停留在听觉感知层面，还延伸到表达与互动的实践中，为学生提供了一个安全且有意义的情感探索平台。

（六）音乐与其他形式活动的结合

音乐治疗团体辅导在学校环境中，不仅通过音乐本身发挥作用，还可以与其他形式的活动相结合，进一步增加学生的心理健康支持和情感表达途径。这种多元化的结合方式，不仅增强了活动的趣味性，还促进了学生在不同感官和表达形式上的全面发展。以下是几种常见的音乐与其他形式活动结合的方式，每一种都具有独特的教育和心理辅导价值。

1. 音乐与冥想结合

音乐与冥想的结合是一种旨在帮助学生放松身心、集中注意力并调节情绪的活动形式。在这个活动中，学生在安静的环境中聆听舒缓的音乐，配合冥想引导，进入深度放松的状态。音乐的旋律和节奏帮助学生放松紧张的肌肉，平缓焦虑的情绪，同时冥想的引导可帮助他们集中注意力，进行自我内省和情感整理。

这种结合方式非常适合学生在学业压力较大的时期进行，通过音乐和冥想的双重作用，学生能够更好地调节情绪、提升专注力，并在日常学习生活中保持心理平衡。冥想中的音乐引导还可以帮助学生在冥想过程中更容易进入放松状态，从而达到更好的冥想效果和心理减压。

2. 音乐与绘画结合

音乐与绘画的结合是一种将听觉与视觉艺术相结合的活动形式，旨在帮助学生通过多感官的表达来探索内在情感。在这个活动中，学生们会在聆听音乐的同时，用绘画的方式表达他们的情感体验。音乐的旋律、节奏和情感氛围为学生提供了灵感，他们可以通过色彩、线条和图案来表现音乐带给他们的情感反应和内心感受。

这种结合方式不仅激发了学生的创造力和艺术表达能力，还为学生提供了一种通过非语言的方式来处理复杂情感的途径。绘画与音乐的结合使学生能够更深入地探索自我，理解和表达那些难以用语言表达的情感。最终，学生们通过完成的作品，不仅获得了情感的释放和表达，还在视觉和听觉的双重感官体验中深化了对自我的理解和认知。

3. 音乐与舞动结合

音乐与舞动的结合是一种动静结合的活动形式，通过身体的自由运动来表达音乐中的情感与能量。在这个活动中,学生随着音乐的节奏和情感,自由地舞动身体,将内在的情感和能量通过身体动作释放出来。音乐为学生提供了情感的背景和引导,而舞动则是他们通过身体表达这些情感的途径。

这种结合方式特别适合那些需要释放压力和情感的学生,在音乐的引导下,他们能够将内在的紧张、焦虑或快乐、兴奋等情感转化为身体的自然动作。音乐与舞动的结合不仅促进了身体协调性和运动能力的提升,还帮助学生在一个自由、安全的环境中释放情感,调节心理状态,并通过身体的律动找到情感的出口和表达方式。

通过将音乐与冥想、绘画、舞动等活动形式相结合,学校中的音乐治疗团体辅导能够为学生提供更加丰富和多样的情感表达途径和心理支持。这种多感官、多形式的活动结合,不仅提升了学生的心理健康和情感表达能力,还在艺术创作和身体运动中增强了他们的自我认知和社会互动能力。

四、学校音乐治疗团体辅导在不同阶段中的设计应用

(一)音乐治疗在团体辅导初创阶段的设计应用

在学校团体辅导的初创阶段,音乐治疗展现出特别的优势。首先,音乐能以非语言的方式为学生提供了一个安全的表达渠道,使他们无须依赖语言来分享感受,减少了学生在初识阶段的紧张感和防御心理。音乐的参与性和包容性帮助学生自然地融入团体,降低了心理防线,从而更愿意敞开心扉。与此同时,音乐具有跨文化的共通性,通过共同参与音乐活动,学生之间能够快速建立起情感联系,增强团体的凝聚力。音乐治疗还通过丰富的感官体验吸引学生的注意力,提升他们对团体活动的参与积极性和投入感。音乐能够有效调节情绪,在初创阶段帮助学生放松身心,缓解可能存在的焦虑和不安,为后续的深层次交流奠定良好的基础。总体而言,音乐治疗以其轻松有趣的形式激发了学生的兴趣和参与热情,为团体的成

功运作铺平了道路。

因此，在团体辅导的初创阶段，音乐治疗活动的设计应重点关注学生之间的信任与安全感的建立，促进相互了解以及激发学生的参与兴趣。通过精心策划的音乐活动，学生能够在轻松、愉快的氛围中感受到团体的支持与接纳，从而降低彼此之间的防备心理。音乐作为一种非语言的交流工具，能够为学生提供一个共同的体验途径，帮助他们增进理解与认同，打破陌生感。同时，活动的趣味性和易参与性也至关重要，设计有吸引力且参与门槛低的音乐活动，可以激发学生的积极性，使他们更愿意投入到团体中，进而为整个团体辅导过程奠定良好的基础。

以下介绍在学校团体辅导实践中，在团体的初创阶段可能会使用到的音乐治疗的方法和技术。

活动一： "关键词歌曲接龙"

【活动形式】以关键词为核心的歌词接龙唱歌游戏。

【活动目的】通过以关键词为核心的歌曲接龙活动，帮助学生迅速互动起来，打破初识阶段的紧张感，增强团体的氛围和学生之间的熟悉感，同时通过音乐的共通性促进情感共鸣和团队合作。

【适合对象】愿意参加团体辅导的具备理解规则能力的青少年及大学生。

【参加人数】6 ~ 15人为佳。

【活动时间】15 ~ 20分钟。

【活动场地】明亮开阔的室内空间，学生围坐成圈，确保能够轻松看到彼此。

【活动材料】无特殊材料需求，团体领导者准备若干关键词。

【活动程序】

①解释规则：团体领导者介绍活动规则。每轮游戏开始时，领导者会给出一个关键词，关键词可以是一个字（如"爱"）、一个颜色（如"红色"）或其他通用词汇。学生需要唱出包含这个关键词的歌词。

②开始游戏：领导者给出第一个关键词（如"爱"），然后指定一位

学生开始。该学生需要在 5 秒内想出一首包含这个关键词的歌曲，并唱出其中一句歌词。如果成功，该学生可以指定下一位学生接着唱，或者由领导者继续指定下一位学生。

③继续接龙：游戏按照顺序进行，每位学生都要唱出包含关键词的不同歌词。如果某个学生在规定时间内想不出歌词，可以选择请求帮助或跳过一次机会，游戏继续进行。

④更换关键词：每一轮结束后，团体领导者可以选择更换关键词或调整游戏难度（如缩短思考时间或指定特定主题的关键词）。

⑤总结与讨论：游戏结束后，团体领导者可以简单总结游戏中大家的表现，讨论游戏中唱出的歌词与情感的关系，以及这个过程对团体的氛围和互动产生了怎样的影响。

【讨论要点】

①在这个游戏中，你觉得什么词最有趣或最难？

②你在唱出歌词时，是否有特别的情感触动或回忆浮现？

③通过这个游戏，你对其他成员有了哪些新的了解？

④这个游戏带给你怎样的团体互动体验？你觉得它对你融入团体有帮助吗？

【补充说明】

"关键词歌曲接龙"是一个快速且有趣的破冰活动，通过关键词接龙唱歌让成员迅速地进入互动状态。这个游戏不仅帮助成员们通过熟悉的歌词和歌曲建立情感连接，还能通过音乐的轻松氛围消除初次见面的紧张感，使整个团体迅速活跃起来。领导者可以根据团体的动态灵活选择关键词，确保活动的节奏适配团体成员的兴趣和参与度。

活动二："音乐自我介绍"

【活动形式】音乐与自我介绍相结合。

【活动目的】帮助学生以轻松的方式进行自我介绍，展现个人特色，增进学生之间的相互了解和情感联系。

【适合对象】愿意参加团体辅导的具备理解规则能力的青少年及大学生。

【参加人数】6～12人为佳。

【活动时间】20～30分钟。

【活动场地】安静的室内空间，配备音响设备，确保都能清晰听到音乐。

【活动材料】音响设备、电脑、互联网、曲库较为齐全的音乐播放器。

【活动程序】

①选择音乐：团体领导者事先准备好音乐播放器，并邀请每位学生选择一段最能代表自己当前心情或个性的音乐片段。

②自我介绍：学生依次播放所选音乐片段，并结合音乐进行自我介绍，分享自己为什么选择这段音乐以及音乐背后的故事或感受。

③讨论与反馈：其他学生可以对每位学生的音乐选择和自我介绍进行反馈，表达感受或提出问题，促进进一步的了解和互动。

【讨论要点】

①你为什么选择这段音乐？它对你来说有何特别的意义？

②在聆听其他成员的音乐和自我介绍时，你有什么样的感受或想法？

③通过这个活动，你对其他成员的了解加深了吗？你发现了哪些相似或不同的地方？

【补充说明】

"音乐自我介绍"通过音乐的方式，让成员能够在一种轻松且非直接的氛围中分享自己。这个活动特别适合那些不太习惯通过语言直接表达自己的个体，通过音乐作为桥梁，他们能够更自然地进行自我介绍，并在团体中找到认同感。

活动三："节奏共鸣"

【活动形式】集体节奏互动。

【活动目的】通过集体节奏的互动，帮助学生逐步打破陌生感，建立初步的信任和团体感，同时通过音乐节奏增强学生之间的情感共鸣和合作意识。

【适合对象】愿意参加团体辅导的具备理解规则能力的青少年及大学生。

【参加人数】6～15人为佳。

【活动时间】20～30分钟。

【活动场地】安静、明亮的室内空间，具有足够的活动空间让学生可以围成一圈，便于观察和互动。

【活动材料】手鼓、沙锤、铃鼓、木鱼等简单打击乐器，每位学生配一个乐器。

【活动程序】

①分发乐器：团体领导者给每位学生分发一个打击乐器，并简要介绍这些乐器的使用方法。

②节奏练习：领导者先示范演奏一个简单的节奏，并邀请全体学生一起模仿练习，帮助学生熟悉乐器并进入节奏的氛围。

③节奏接力：学生们围成一圈，由一位学生开始，敲打一个简单的节奏，然后下一位学生模仿并加入自己的节奏，依次进行，直到所有学生都完成了自己的部分。

④集体节奏合奏：领导者引导全体学生一起演奏一个简单的节奏，逐步加强节奏的强度和速度，直到形成一个和谐的音乐共鸣。

⑤分享与讨论：活动结束后，学生分别分享在节奏互动中的感受和体验。

【讨论要点】

①在节奏互动中，你的感觉如何？你是如何适应节奏变化的？

②你觉得在模仿和接力过程中，有哪些部分让你感到特别有趣或有挑战性？

③你是否感受到与其他成员的节奏共鸣？这种共鸣带给你什么样的情感体验？

【补充说明】

"节奏共鸣"活动非常适合团体辅导的初创阶段，通过节奏的传递和互动，帮助成员建立起初步的信任和团体感。在学校里，团体领导者可以根据成员的表现和反应，灵活调整节奏的复杂程度和互动的形式，确保每位成员都能积极参与并体验到集体音乐带来的情感连接和支持。

（二）音乐治疗在团体辅导工作阶段的设计应用

在团体辅导进入工作阶段时，音乐治疗的设计需要高度关注学生之间的互动质量与个人内心的深度探索。此阶段的重点在于通过音乐引导学生深入接触内在的情感世界，帮助他们处理隐藏在内心深处的情感波动，并逐步释放这些被长期压抑的情绪。音乐的独特力量在于其非语言的表现方式，能够触及学生内心那些难以用语言表达的部分。通过旋律、节奏和歌词，音乐为学生提供了一个安全且包容的表达渠道，允许他们在音乐的引领下勇敢地面对和表达自己的情感。在团体的氛围中，这种情感的分享不仅有助于个人的情感宣泄，还能通过与其他学生的共鸣，深化团体的凝聚力和学生之间的情感连接。

然而，这一阶段的音乐活动可能会触及学生内心深处的敏感和脆弱之处。对于那些曾经历过创伤或痛苦的学生来说，音乐中的某些旋律或歌词可能会不经意间唤起他们的痛苦回忆。因此，团体领导者需要具备丰富的经验和敏锐的洞察力，能够及时察觉这些情感反应，并在适当的时候给予支持与安慰。领导者不仅要妥善处理这些情绪波动，还应借助团体的力量，为学生提供一个安全的、充满支持的环境，帮助他们在音乐的疗愈过程中获得情感的释放与心理的安慰。

自我探索与认知是工作阶段的另一核心任务。音乐作为一种深入心灵的工具，能够引发学生对自身情感、行为模式和生活经历的深层反思。在音乐活动中，学生们不仅通过聆听音乐来感受情感波动，更通过创作和分享自己的音乐作品来揭示隐藏在行为背后的深层原因。这种探索通常通过选择特定的音乐风格或即兴创作来实现，音乐的多样性使得每位学生都能够找到最适合自己表达的方式，进而在这个过程中深化对自我的认知，逐步实现个人成长与成熟。

此外，增强团体支持在这一阶段显得尤为重要。通过设计旨在促进互动和情感连接的音乐活动，团体领导者能够帮助学生在彼此之间建立更加紧密的情感纽带。这种支持不仅在情感层面提供了安全感和归属感，也通过集体的力量增强了学生的心理韧性。在音乐的共同体验中，学生们相互支持、鼓励和反馈，共同面对挑战，增强了彼此之间的信任与理解。因此，工作阶段的音乐治疗活动应精心设计，既要鼓励学生进行自我探索，也要引导学生表达深层情感，并且能够通过团体的力量实现个人的情感疗愈和心理成长。

为了更好地呈现音乐治疗在学校团体辅导工作阶段中的应用，下面例举以大学生群体为对象，以"自我认识""心理资本成长""情绪管理"为主题的团体辅导，介绍在此阶段中可能应用的技术与方法，以帮助读者更好地理解该阶段活动设计的思路与重点。

活动一："自我歌词改编"①

【活动形式】张国荣歌曲《我》的歌词改编与分享。

【活动目的】帮助学生深入思考和表达自我认知与自我认同，使学生能够以一种具有创意且个性化的方式呈现自己的身份、特质和内在感受，增进学生对自我身份的理解，增强自我认同感，促进学生之间的了解与情感共鸣。

【参加人数】6～12人为佳。

【活动时间】45～60分钟。

【活动场地】安静、温馨的室内空间，配备音响设备。

【活动材料】音响设备，张国荣《我》的歌词打印件，纸张、笔，乐器（如吉他、钢琴等，供伴奏使用）。

【活动程序】

①引导思考：团体领导者播放张国荣的《我》这首歌，邀请学生认真

---

① "自我认知"主题第 4 次团体辅导活动，4/8。

聆听，并特别关注歌词中"我就是我，是颜色不一样的烟火"以及随后的几句歌词。

②歌词改编：邀请学生将歌曲中"我就是我，是＿＿＿＿＿＿"的空白部分及随后的几句歌词进行个性化改编。每位学生需根据自己对自我的理解和感受，创作出独特的歌词片段。

③展示与分享：改编完成后，每位学生依次展示他们的改编作品。可以使用乐器伴奏，或清唱、朗诵他们的改编歌词。展示之后，学生分享创作背后的思考与感受。其他学生可以给予反馈，表达对改编歌词的理解与共鸣。

【讨论要点】

①你在改编歌词时，选择了哪些词语来表达自己？为什么？

②你认为改编后的歌词反映了你的哪些特质或内在感受？

③在聆听其他成员的改编歌词时，你感受到了什么？是否有共鸣？

④通过这个活动，你对自己的自我认知和自我认同有了哪些新的发现或思考？

【补充说明】

"自我歌词改编"通过音乐创作的方式，将成员的自我认知转化为具体的歌词表达，所选择的歌曲，不一定非得是张国荣的《我》，可以是成员较为熟悉了解的，并且具有改编空间，又方便演绎的。通过这种艺术化的自我表达，成员能够更加深入地探索自我身份，增强自我认同。同时，改编歌词的过程也为成员提供了一个创意的平台，让他们能够以独特的方式展示自己，从而在团体中促进理解、共鸣与情感连接。

活动二：歌曲演唱与讨论——"穿过幽暗的岁月" [①]

【活动形式】集体歌曲演唱与深度情感讨论。

【活动目的】通过集体演唱歌曲《蓝莲花》，引导学生反思和讨论自己生活中的"幽暗岁月"以及他们是如何"穿过"这些艰难时刻的。通过

---

① "心理资本成长"主题第 6 次团体辅导活动，6/8。

分享和讨论，帮助学生识别并增强积极心理资本，在团体中获得情感支持和力量。活动旨在通过音乐和集体的力量，提升学生的心理韧性，促进他们的自我认知和情感成长，以更加坚韧的心态面对未来的挑战。

【参加人数】6～12人为佳。

【活动时间】45～65分钟。

【活动场地】温馨、安静的室内空间，配备音响设备。

【活动材料】音响设备，歌曲《蓝莲花》歌词打印件。

【活动程序】

①初次集体演唱：团体领导者播放并带领学生集体演唱《蓝莲花》。本次演唱旨在帮助学生熟悉歌曲，进入音乐的情感氛围，为接下来的讨论做铺垫。

②引导思考：演唱结束后，团体领导者引导学生思考歌词中的"穿过幽暗的岁月"这句话。团体领导者鼓励学生将这句歌词与自己的生活经历联系起来，回忆自己的"幽暗岁月"及是如何"穿过"的。

③情感反思与讨论：团体领导者邀请学生分享自己生活中曾经历的"幽暗岁月"，以及当时是如何"穿过"这些困难时刻的。学生们依次分享自己的故事，讨论他们在困境中使用的具体策略、心理资源或获得的支持。

④再次集体演唱：在讨论结束后，学生们再次集体演唱《蓝莲花》。这次演唱不仅是对歌曲的再度体验，更是对刚刚分享和讨论内容的情感回应。通过再次演唱，学生们能够感受到集体力量的支持和情感的共鸣，进一步增强彼此之间的情感连接。

【讨论要点】

①你所理解的"幽暗岁月"指的是什么？当时你是怎么"穿过"的？

②你在自己身上看到什么积极资源和积极的心理品质？

③你从他人的分享中得到了哪些启发或力量？

④再次演唱《蓝莲花》时，你有了哪些新的感受？

⑤通过这次活动，你如何看待积极心理资本？

【补充说明】

"穿过幽暗的岁月"这个活动通过音乐演唱与情感讨论的结合，帮助团体成员深入反思自己的生活经历，并从中发掘积极的心理资源。通过集体的力量，成员们能够感受到支持与共鸣，增强面对未来挑战的信心和力量。这一活动不仅可以提升成员的自我认知与心理韧性，也借助音乐的表达和集体的分享，进一步加深成员之间的情感连接与信任。在音乐治疗团体辅导设计中，可以选择类似的歌曲，选取一个积极的切入讨论点，同样可以达到类似的效果。

活动三："情绪变奏会"[①]

【活动形式】以情绪为主题的音乐即兴创作。

【活动目的】帮助学生识别、表达并处理情绪，借助音乐这一创意工具，将情绪外化并转化为音乐表达，使学生能够理解和调节自己的情绪，探索积极的应对方式，加深自我理解，同时在团体中获得共鸣与鼓励，从而提高心理健康水平。

【参加人数】6～15人为佳。

【活动时间】40～60分钟。

【活动场地】安静、舒适的室内空间，配备音响设备和乐器。

【活动材料】各类乐器（如键盘、打击乐器、弦乐器）以及音响设备。

【活动程序】

①情绪感知：团体领导者邀请学生回顾自己最近经历的情绪体验，并选择一种最具代表性的情绪（如焦虑、愤怒、平静等）。

②即兴创作与情绪转化：学生选择乐器，以即兴创作的方式表达他们的情绪。在创作过程中，他们可以通过改变节奏、音调或加入新元素，逐步转化他们的情绪音乐，将其从原有的情绪表达为一种更加积极或平衡的状态。每位学生有几分钟的时间来完成这一过程。

---

① "情绪管理"主题第6次团体辅导活动，6/8。

③分享与讨论：学生依次进行演奏，并分享创作过程中的情绪变化。其他学生可以提供反馈和支持，讨论情绪转化的过程。

【讨论要点】

①你选择了什么情绪来创作？为什么？

②在演奏过程中，你的情绪有发生变化吗？是如何变化的？

③通过这次演奏，你对自己情绪的理解有了哪些新的发现？

【补充说明】

"情绪变奏会"通过音乐即兴创作，帮助成员将内在的情绪外化并转化为音乐表达。这种活动不仅能让成员在安全的环境中探索和处理自己的情绪，还能通过音乐的创作过程发现自身的力量和潜能，进一步促进情绪管理和自我调节能力的提升。

（三）音乐治疗在团体辅导结束阶段的设计应用

在团体辅导的结束阶段，学生们通常已经建立了深厚的信任和情感联系，并在前期的工作中取得了个人成长与情感释放的重要成果。此时，音乐治疗的设计应着重帮助学生整合他们在团体中所获得的知识与体验，为未来的独立成长和应对挑战做好准备。这个阶段的关键任务是回顾与总结团体辅导的经历，巩固学生在团体中获得的积极心理资源和支持系统，并帮助他们在告别团体时保持对未来的积极展望与心理韧性。

在结束阶段，回顾和整合团体辅导中的重要经历和情感体验显得尤为重要。音乐可以作为一种媒介，帮助学生回顾他们在团体中经历的情感波动与成长过程。通过音乐创作、演唱或聆听，学生能够具体化这些情感经历，进行深刻的反思和总结。这样一来，团体中的积极体验得以转化为学生内在的心理资源，为他们今后面对生活中的挑战提供支持和力量。

结束阶段往往伴随着学生对团体即将解散的情感反应，这包括依恋、不舍以及对未来的不确定感。音乐治疗在这个阶段可以为学生提供一个安全的空间，帮助他们表达和处理这些复杂的离别情感。通过音乐活动，学生们能够将这些情感转化为积极的力量，从而逐步从团体的支持过渡到独立面对未来的生活。

此外，音乐治疗还可以通过创意性的音乐活动，引导学生展望未来，并为他们即将独立面对生活做好心理准备。通过音乐表达对未来的希望与计划，学生可以将团体中的积极能量带入未来的生活中。音乐不仅激发了他们对未来的积极想象，也增强了他们的信心与勇气，帮助他们更好地应对未来的挑战。

以下介绍在学校团体辅导实践中，在结束阶段可能会使用到的音乐治疗的方法和技术。

活动一："团体之旅的回顾与总结"

【活动形式】回顾关键音乐作品与情感分享。

【活动目的】帮助学生整合在团体中的情感体验与成长，进行深刻的反思和总结。使学生能够具体化地表达他们的情感，从而更好地内化这些积极体验，为未来的生活提供心理支持。

【适合对象】愿意参加团体辅导的具备理解规则能力的青少年及大学生。

【参加人数】6～12人为佳。

【活动时间】45～60分钟。

【活动场地】安静、温馨的室内空间，配备音响设备。

【活动材料】音响设备，团体辅导过程中使用过的关键音乐作品，纸张、笔。

【活动程序】

①音乐回顾：团体领导者播放团体辅导过程中使用过的几段关键音乐作品，引导学生回顾这些音乐背后的情感经历与团体记忆。

②情感分享：学生们依次分享他们在回顾这些音乐时的情感体验，并总结他们在团体中的成长与收获。

③总结与整合：团体领导者引导学生思考如何将这些积极的情感体验和学习成果转化为未来生活中的心理资源，并表达他们对团体辅导结束后的展望。

【讨论要点】

①你在回顾这些音乐时，感受到了哪些情感？

②在团体辅导过程中，哪些经历或成长对你来说最为重要？

③你如何将团体中的积极体验转化为面对未来的心理资源？

④对于团体辅导结束后的生活，你有怎样的计划和展望？

活动二："最后的合唱"

【活动形式】合唱一首具有特殊意义的歌曲与情感分享。

【活动目的】帮助学生在团体辅导结束时表达内心的情感和彼此的祝福，巩固学生之间的情感联系，并为团体辅导的结束提供一个温馨的闭幕仪式，促使学生进一步深化在团体中收获到的力量与支持，以积极的心态面对未来的生活。

【适合对象】愿意参加团体辅导的具备理解规则能力的青少年及大学生。

【参加人数】6 ~ 15 人为佳。

【活动时间】30 分钟。

【活动场地】安静、温馨的室内空间，配备音响设备。

【活动材料】音响设备，事先准备好的歌曲歌词。

【活动程序】

①引导与准备：团体领导介绍即将进行最后的大合唱环节，解释这首歌曲是通过全体学生共同投票选出的，可能是大家共同喜欢的，或是带有特殊情感意义的歌曲，鼓励学生在演唱中全心投入，表达对彼此的祝福与感激。

②最终大合唱：全体学生共同演唱事先投票选定的歌曲。演唱过程中，学生们通过歌声传递对彼此的情感，在音乐的旋律中感受到团体的温暖和支持。

③感想与祝福分享：大合唱结束后，团体领导者邀请每位学生依次分享他们的感想与感受。学生们可以表达自己在演唱过程中的情感体验，以及对其他成员的感激、祝福和对未来的展望，为团体辅导的结束画上一个

圆满的句号。

【讨论要点】

①在大合唱的过程中，你感受到了哪些情感？

②这首歌曲对你而言有何特殊意义？为什么你会选择它？

③通过这次大合唱，你对团体辅导的结束有了哪些新的感受？

④有没有什么想说的话，想对其他成员表达的？

活动三："音乐传情"

【活动形式】祝福和歌曲赠送与感受分享。

【活动目的】帮助学生在团体辅导结束时表达对彼此的感谢与祝愿，进一步加深学生之间的情感联系，增强彼此在团体中获得的支持与温暖，以积极的心态迎接未来的生活。

【适合对象】愿意参加团体辅导的具备理解规则能力的青少年及大学生。

【参加人数】8 ~ 12 人为佳。

【活动时间】45 ~ 60 分钟。

【活动场地】温馨、安静的室内空间，配备音响设备。

【活动材料】温馨的轻音乐资源，音响设备。

【活动程序】

①歌曲与卡片准备（团体辅导前进行）：

学生在活动前为团体中的每一位学生精心准备一首歌曲，并在卡片上写下歌曲名称和歌词中最想对对方说的话。每位学生需要准备 11 张卡片（假设团体有 12 人），在每张卡片上写下对不同学生的个性化祝福。这些卡片将在活动中互相赠送。

②卡片互送：播放温馨的轻音乐，学生们互相赠送事先准备好的卡片，每位学生将收到来自其他 11 位学生的卡片。这些卡片上写有歌曲的名字和最想对他们说的歌词，充满了祝福与感激之情。

③感受分享与歌曲演唱：学生们依次分享收到卡片后的感受，谈谈哪些歌词或祝福特别触动了他们。每位学生可以挑选其中一首特别的歌曲，

演唱或播放一小片段，让全体学生共同感受这首歌的情感力量。

④总结与收获：在分享和演唱结束后，团体领导者引导学生讨论他们在活动中的感想与收获。学生们可以表达他们在收到祝福卡片时的情感体验，以及对未来的期待。活动在温馨的氛围中结束，为团体辅导画上一个有意义的句号。

【讨论要点】

①收到这些卡片时，你感受到了哪些情感？

②哪首歌曲和哪句歌词对你来说最为特别？为什么？

③在整个活动过程中，你获得了哪些支持与力量？

④通过这次活动，你对团体辅导的结束有了哪些新的感受？对未来有何期待？

第四章 舞动治疗团体辅导在学校领域的设计应用

一、舞动治疗团体辅导简介

舞动治疗，即"舞蹈运动（动作）治疗"（dance/movement therapy），作为一种表达性艺术治疗形式，通过身体动作和舞蹈来帮助个体表达内在的情感和想法。通过律动、节奏和姿态，舞动治疗为个体提供了一种有效的情感疏导途径，使个体能够在非语言的层面上释放压力、调节情绪，并进行深入的自我探索。舞动治疗结合了身体的自然运动与情感表达，使其成为一种强有力的心理辅导工具，特别适合在学校环境中应用。

舞动治疗通过身体的自由表达，提供了一个安全且富有创造性的空间，让参与者得以释放和调节这些情感压力。在团体辅导中，舞动治疗凭借其高度的互动性和参与性，能够有效地促进团体成员之间的沟通与情感连接。通过集体的舞动与互动，成员们能够以非语言的方式表达情感，逐步建立起信任，并深化彼此之间的理解与支持。

舞动治疗的一个关键目标是通过表达性动作、人际互动和生理协调性，来促进个体的自我觉察与发展。在舞动的过程中，每位成员都能够找到适合自己的表达方式，同时通过观察和感受他人的动作，增强对他人的共情能力。舞动治疗不仅激发了身体的活力，还为个体提供了深度的心理探索与成长的机会。

舞动治疗对舞蹈技术或能力的要求较低，这使得它在学校环境中有着广泛的适用性。无论学生是否有舞蹈基础，他们都可以通过简单的动作和身体表达，轻松参与到舞动治疗活动中。这种包容性使得舞动治疗成为一种极具潜力的团体辅导形式，既能促进学生的心理健康，也能增强他们的自信心和自我表达能力。

在学校中，舞动治疗团体辅导可以通过多种形式实施，既可以作为独立的心理辅导活动，也可以整合进日常的教育教学中。例如，学校可以在体育课或心理辅导课中引入舞动治疗元素，或通过舞蹈社团、专题工作坊等形式，鼓励学生通过身体动作进行情感表达和交流。通过这些方式，舞动治疗不仅丰富了学生的艺术体验，还为学校在心理健康教育方面提供了强有力的支持。

总的来说，舞动治疗团体辅导在学校中有着广泛的应用前景和显著的疗愈效果。它不仅帮助学生释放情感、调节情绪，还为学校提供了通过身体与舞动促进心理健康的重要工具。通过将舞动与心理辅导相结合，学校能够在日常教育中融入更多的美育和体育元素，推动学生的心理成长与情感发展，同时营造一个关注心理健康的校园环境，支持学生的全面发展。

二、舞动治疗团体辅导在学校领域中的应用优势

在学校环境中，舞动治疗团体辅导展现出其独特的优势，尤其适合学生群体的心理健康支持和发展。以下从多个方面详细探讨其在学校中应用的具体优势。

（一）舞动治疗团体辅导促进学生的自然表达与情绪宣泄

舞动治疗通过舞蹈动作的自然表达，能够帮助学生以一种符合人类本性的方式释放情感和压力。在传统的教育环境中，学生往往依赖语言来表达自己，但语言有时并不足以准确传达复杂的情感和想法。舞动治疗则为

学生提供了另一种表达方式，通过身体的自然律动，学生可以自由地表达内心深处的情感和压力。这种非语言的表达途径尤其适合那些难以通过语言表达自己感受的学生。通过舞蹈运动，学生能够更直接地宣泄内心的焦虑、愤怒或困惑等负面情绪，恢复至心理平衡的状态。此外，舞动活动本身具有一定的自发性和灵活性，允许学生在表达过程中找到属于自己的节奏和方式。这种自由度使得舞动治疗成为一种有效的情感宣泄渠道，帮助学生缓解心理压力，提升心理健康水平，并在团体中找到归属感和安全感。

（二）舞动治疗团体辅导增强学生的身体感知与情感体验

在舞动治疗中，学生可以通过协调身体的活动或行动，增强对自己身体的感知能力和意识。舞动不仅仅是身体的运动，更是情感的流动与表达。不同的舞动形式和节奏感使学生能够深入体验身体的律动，并通过这些律动觉察与之相关的情感反应。例如，通过缓慢而柔和的舞动，学生可以感受到平静与放松；而通过强烈而快速的动作，则可以体验到力量与激情。这种由身体动作产生的情感体验，不仅有助于学生放松身心，还能让学生在身体与情感的互动中获得深层次的感悟。随着身体感知能力的增强，学生能够更好地理解自己的情感变化，这为其在日常生活中调节情绪提供了重要的基础。此外，舞动治疗所带来的积极情感体验，有助于学生保持心理健康，并在学习和社交场合中表现得更为自信和积极。

（三）舞动治疗团体辅导促进学生的社交互动与团队合作

舞动治疗团体辅导通过集体舞动和互动，营造出积极的团体氛围，促进学生之间的交流与合作。在舞动的过程中，学生通过相互配合与协作，能够学会如何与他人建立有效的沟通和合作关系。舞动治疗的团体性质要求学生在集体中进行互动，这种互动不仅仅是身体上的协调动作，更是一种情感和心理的连接。通过同步的舞动和集体的节奏感，学生在不知不觉中形成了一种默契，感受到集体的力量与支持。在团体中，学生必须相互尊重彼此的空间和表达方式，这在很大程度上培养了他们的同理心与相互接纳的能力。通过团体中的积极互动，学生不仅能学会如何有效地合作，还能增强对他人感受的敏锐度，进一步提升他们的社交技能。此外，这种集体舞动的经历还能帮助学生在团体中找到归属感，使他们在未来的社交情境中更具适应性。

（四）舞动治疗团体辅导提升学生的自我觉察与自尊自信

舞动治疗通过鼓励学生在肢体表达中探索和认识自己，帮助他们提高自我觉察能力。在舞动的过程中，学生不仅仅是在进行身体的运动，更是在与自己的内心进行对话。随着舞动的深入，学生开始逐渐注意到自己在不同情境下的身体反应、情感变化和心理状态。这种自我觉察不仅能够帮助学生更好地理解和调节自己的情绪，还促使他们对自己的行为模式和内在动机有更深刻的认识。舞动治疗特别强调自发性和创造力的表达，这为学生提供了一个展示自我、突破自我的途径。当学生能够在舞动中敢于展现真实的自我，并得到团体的认可和支持时，他们的自信心将得到极大的提升。通过不断的舞动实践，他们可以逐渐克服自己身体和表达能力方面的困难，变得更加自信和勇敢。学生在舞动治疗团体辅导中获得的自信感，能够帮其在日常生活中更积极主动地表现自己，还能在其面对挑战时提供强有力的心理支持。

（五）舞动治疗团体辅导帮助学生整合身心，实现全面疗愈

舞动治疗强调身体与心理的整合，通过身体的律动和情感的表达，帮助学生在生理和心理上实现平衡。舞动治疗的一个核心理念是身心不可分割，情感和身体的状态密切相关。在舞动过程中，学生不但可以通过身体动作调节心理状态，释放内心的压力，还可以在这一过程中改善身体的协调性和体能水平。舞动中的身体律动，如深呼吸、扩展动作、旋转等，不仅能够帮助学生放松肌肉、缓解紧张，还能促进他们的血液循环和增强内脏功能。此外，舞动治疗还能够帮助学生在心理上获得一种整合的体验，使其在情感表达的同时，获得内在体验的平衡与和谐。这种身心整合的疗

愈方式，能够使学生在学习和生活中保持积极的状态，提升应对挑战的能力，进而促进整体健康与持续发展。通过舞动，学生能在身心两个层面上获得全面的疗愈，为其健康成长奠定坚实的基础。

三、舞动治疗团体辅导在学校应用中的常见活动形式

在学校环境中，舞动治疗团体辅导可以通过多种活动形式来进行，以下介绍常见的几种形式，每一种都具有其独特的心理辅导价值及教育意义。

（一）镜像舞动

镜像舞动是一种通过相互模仿来建立连接和理解的舞动形式，特别适合在学校团体辅导中帮助学生建立初步的信任和理解。在活动中，学生两人一组，一人作为舞动者自由表达，另一人站在其对面，作为镜像者，模仿舞动者的所有动作、表情，甚至呼吸节奏，就像在照镜子一样。随后，两人交换角色，继续进行镜像舞动。通过这种非语言的互动，学生能够学会如何观察他人，并通过模仿建立情感连接。镜像舞动不仅能够增强学生之间的相互理解和信任，还能帮助他们在无声的互动中找到共同点，培养出更强的共情能力和合作意识。这对于建立一个和谐的学习环境和增强学生间的合作精神至关重要。

镜像舞动的特殊魅力在于为学生提供了一个安全、无评判的空间，鼓励学生勇敢地展现真实的自我，使其明白：即使是最细微的情感流露，也能被温柔地接纳与回应。这种体验不仅能深化学生的自我接纳感，让其意识到每个人都有独特的美好与价值，还能加强学生对他人情绪和意图的敏感度，使其在日常生活中能更好地理解和回应他人的需求。同时，模仿的过程能使学生对自我表达进行一定程度的反思，从而拥有更清晰的自我认知，并提升人际交往能力。镜像舞动还能激发学生的想象力和创造力，毕竟模仿不只是单纯的复制，学生可以在模仿的过程中习得新的动作和表达方式，从而促使其思维灵活性和创新性的发展。

（二）影子舞动

影子舞动与镜像舞动类似，但它更加关注个体的细微动作和情感表达。在影子舞动中，一名学生会紧密跟随另一名学生的动作，就像影子一样。这种形式要求跟随者对领导者的动作进行精确的模仿，甚至包括情感的表达。

这种近距离的身体互动，深度的模仿和非语言沟通，有利于学生与其他成员建立更深的理解和信任，加深彼此之间的情感联系，从而打造更团结的团体。不仅如此，影子舞动还对学生日常生活中的社交互动具有积极影响。它为学生提供培养耐心和专注力的机会，帮助他们发展观察模仿能力，培养对他人情感和动作的敏锐程度，提升理解能力和共情能力，强化社交技能，使其在与他人互动中更细致入微，提升整体的互动质量。

（三）本真动作舞动

本真动作舞动是一种通过即兴、自由的身体活动或行动来帮助学生探索内心世界的活动形式，通常在一个安静而私密的环境中进行。这种舞动不受任何结构或指导的限制，允许学生毫无保留地表达他们的情感和想法。学生可以在一个安全、自由的空间里，没有外在指导的情况下，随着音乐的节奏，随心进行一系列动作。团体领导者会鼓励学生闭上眼睛或保持柔和的视线，全然依赖内在的感觉和冲动来引导身体的运动。学生可以选择站立、坐下、躺卧，或在活动场地内自由移动，以求所有的动作都源于自身内心深处的需求和情感变化。在这个过程中，其他学生作为见证者或支持者，将以一种非评判性的态度观察舞动者的表现，确保整个舞动过程安全且有支持性。见证者的存在增强了舞动者的安全感，使其能够更深入自己的内在世界。

本真动作舞动为学生提供了一个深入探索自我、倾听内心声音的机会。这种无结构的舞动形式帮助学生更好地接触到其潜意识层面的情感和想法，从而促进自我觉察和情感释放。通过这种自发的舞动，学生能够发现自己的内在资源，增强自信心，并提升自我表达的能力。此外，见证者的角色也非常重要，通过观察他人的本真动作，学生能够培养出更多的同理心和更强的理解能力，从而增强团体中的情感连接和支持网络。本真动作舞动不仅在个人层面上具有深远的疗愈效果，还能通过集体体验提升团体的整体凝聚力和相互信任。

（四）两极舞动

两极舞动是一种通过高低、力度及节奏等多维度的动作转换来增强身体感知和表达能力的活动形式，特别适合在学校的团体辅导情境下激发学生对自身身体和情感的探索。在活动中，团体领导者会引导学生在空间中做出不同高度、力度及节奏等的动作，例如从轻柔的、贴近地面的动作到强烈的、伸展向高处的动作。这种多样化的动作探索帮助学生增强对自己身体的控制力，同时鼓励他们在身体表达中找到个人独特的节奏和方式。两极舞动还可以通过对比鲜明的动作设计，引导学生体验有意识与无意识之间的对立与融合。例如，活动可以设计一组动作，前半部分缓慢而深沉，后半部分则快速而激烈，或者通过不同的空间位置和方向变化来创造对立感。通过对立的舞动形式帮助学生探索内心的矛盾与冲突，通过身体的舞动动作来体验和释放这些情感，进而达到心灵的平衡与和谐。

通过两极舞动，学生不仅可以体验到身体和情感之间的紧密联系，从而更好地理解自己内心的复杂情感，还能通过舞动调节情绪找到一种平衡感，为日常生活中的情绪管理提供有效的策略。此外，两极舞动还鼓励学生在集体环境中提升自信心和表达欲望，帮助他们在探索自我的同时增强与他人合作和沟通的能力。

（五）团体圆圈舞动

团体圆圈舞动是学校舞动团体中常见的活动形式之一。其基本形式是让学生围成一个圆圈，共同进行协调的舞动，这种形式在学校环境中特别适用于增强小组或班级的凝聚力。团体圆圈舞动通过集体参与、同步性和节奏感的强调，帮助学生在团体中找到归属感。所有学生围成一个大圆圈，共同参与舞蹈或身体运动，这种集体参与的形式能够迅速拉近学生之间的距离，增强团体的凝聚力。不需要复杂的舞蹈技巧，学生可以根据自己的能力和舒适度来参与，这使团体圆圈舞动成为一种易于推广和普及的活动形式。在舞动过程中，学生通过相互观察、模仿和配合，进行非语言的交流，建立初步的信任和理解，促进彼此之间的情感连接。

团体圆圈舞动不仅有助于培养学生的合作精神，还能通过集体的共同努力，提升他们的社交技巧和人际关系的处理能力。通过不同高度、力度和节奏的动作转换，学生可以更好地感知自己的身体，提升身体控制能力和表达能力，同时在舞动过程中释放内心的压力和焦虑，达到情绪调适的效果。团体圆圈舞动通过创造一个平等、包容的互动空间，帮助学生在团体辅导中感受到集体的温暖和支持，增强他们的心理安全感。此外，圆圈舞动中的互动和节奏同步有助于减轻学生的焦虑和紧张情绪，促进他们在集体环境中放松身心，增强班级的团结和和谐氛围。

在学校舞动团体辅导中，团体圆圈舞动可以作为热身活动或主要活动来开展。例如，在活动开始时，团体领导者可以引导学生围成一个大圆圈，进行简单的热身和舞蹈动作练习；在主要活动环节，团体领导者可以设计一系列有趣的舞蹈动作或游戏，让学生在圆圈中自由舞动，享受音乐和舞蹈带来的乐趣。此外，团体圆圈舞动还可以与其他舞动形式相结合，如镜像舞动、影子舞动等，以丰富活动内容和形式，提高学生的参与度和兴趣。这些多样化的舞动活动，为学生提供了一个展示自我、释放情绪、增强团队合作和社交能力的平台。

（六）道具辅助舞动

道具辅助舞动是一种通过使用特定的道具（如呼啦圈、彩带、躯体球等）来增强舞动表现力和治疗效果的活动形式。在学校的团体辅导中，这种舞动形式通过引入道具，增加了活动的丰富性和互动性，使学生在身体动作中更好地表达和释放情感。

在道具辅助舞动中，学生手持或围绕这些道具进行舞动，利用道具的特性和运动规律来创造出独特的舞蹈效果。例如，学生可以通过抛接、旋转或传递道具来进行互动，或者围绕道具进行集体舞动。这种形式不仅增强了舞动的表现力，还通过道具的使用，使活动更加直观和具象化。

道具辅助舞动为学生提供了一种新的表达方式和情感释放途径。通过与道具的互动，学生能够更好地感知自己的身体和情绪变化，从而增强自我觉察和自我调节能力。道具的引入也使得舞动过程更具趣味性和挑战性，激发学生的创造力和参与兴趣。在团体辅导中，道具辅助舞动还能够增强学生之间的互动和合作，帮助他们在集体活动中找到支持与归属感，提升团体的凝聚力和整体氛围。这种舞动形式不仅丰富了学生的感官体验，还促进了他们对身体、空间和运动规律的理解与掌控。

（七）引导式即兴舞动

引导式即兴舞动是一种在团体领导者的指导下，学生进行自由即兴创作的活动形式。在学校的团体辅导情境中，这种形式能够激发学生的创造力和自我表达能力。团体领导者通过语言或音乐提示，引导学生以特定的情境或情感为主题进行即兴舞动。学生可以根据个人的感受和理解自由表达，这种形式不仅提高了学生的创造力，还帮助他们在非结构化的环境中探索和表达复杂的情感。引导式即兴舞动为学生提供了一个安全的空间，让他们在舞动中感受到自由和解放，同时也帮助他们通过创造性表达，增强对自己情感和行为的理解与掌控。通过这种即兴创作的舞动，学生们不仅能体验到表达的自由，还学会了如何在不确定性中找到自我表达的方式，提升了他们的应变能力和心理韧性。

此外，引导式即兴舞动还能够激发学生之间的灵感碰撞，促进集体创造力的提升。学生们通过分享彼此的创作过程，增强团体成员之间的理解与共鸣。相比本真舞动，虽然引导式即兴舞动有一定的外部引导和框架，但它仍然鼓励学生高度的自发性和个性化表达，帮助学生在一定的主题或方向下探索内心的复杂情感，同时通过集体的创作氛围，增强学生在团体中的参与感和集体意识。

（八）主题舞动

主题舞动是基于特定主题或故事进行的舞动活动。在学校环境中，学生可以围绕一个共同的主题，如"友谊"、"勇气"或"成长"，设计和开展相应的舞动。这种活动形式不仅能让学生通过肢体动作深入理解和表达特定主题，还能强化他们的创造力和表达力。在团体辅导中，主题舞动帮助学生将抽象的概念转化为具体的身体表达，并在集体环境中共同探索和讨论，增强对主题的理解和对他人的共情能力。这种形式能帮助学生深化对自我和他人的认知，并在团体中找到归属感和共同目标。此外，主题舞动还可以帮助学生通过身体的表达，增强对抽象概念的理解和感受，提升在学习和生活中的思考能力。主题舞动不仅激发了学生的想象力，也为他们提供了一个探索和表达个人价值观和信念的机会，在集体讨论和反思中，加深对自我、他人和社会的认识。

四、学校舞动治疗团体辅导在不同阶段中的设计应用

（一）舞动治疗在团体辅导初创阶段的设计应用

在团体辅导的初创阶段，建立信任和安全感是至关重要的，而舞动治疗以其独特的非语言表达方式，能够有效地帮助学生消除防御心理，迅速融入团体。这个阶段的设计和应用应特别注重营造一个包容、安全的环境，使学生在轻松、愉快的氛围中开始互动。初创阶段的舞动治疗活动应当通过巧妙的设计来促进学生之间建立信任。团体领导者可以选择一些集体性强的舞动活动，例如圆圈舞动或镜像舞动，这些活动能够让学生们在不需要语言表达的情况下，通过身体的互动逐渐放松，从而消除彼此之间的防备心理。在设计这些活动时，团体领导者应确保这些活动是节奏平缓的，避免那些过于激烈或挑战难度过高的动作，以简单易行的动作为主，这样能让学生更容易感受到团体的支持与接纳。

此外，初步的情感连接在这个阶段尤为重要。作为团体领导者，需要选择那些能够在短时间内激发情感共鸣的舞动活动。通过简单且富有趣味的活动，学生能够在非语言的层面上建立起情感的联系。舞动的自由性和创造性在这里发挥着重要作用，领导者应当鼓励每一位学生根据自己的舒适程度参与，并通过适当的引导，让他们在活动中找到表达情感和与他人互动的方式。这不但能帮助学生在团体中找到合适的交流途径，还能为他们在团体中的进一步深入互动打下情感基础。

激发学生的参与兴趣也是初创阶段的关键任务。团体领导者在设计活动时，应注重活动的趣味性和易参与性，选择那些能够激发学生好奇心和参与欲望的活动。例如，可以通过使用道具、音乐或简短的即兴舞动来调动学生的积极性。初创阶段的活动应避免复杂性和竞争性，而是让学生在无压力的环境中逐渐熟悉彼此，并建立对团体活动的积极态度。通过这些精心设计的活动，学生不仅能够放松身心，还能够在团体中建立起初步的归属感和安全感。

在这个阶段的设计过程中，团体领导者还需要注意敏锐地观察每位学生的反应和参与度，及时调整活动的强度和节奏，确保每位学生都能在活动中找到自己的节奏和舒适状态。这种灵活性、关注细节的设计不仅能帮助学生逐步适应团体环境，还能为后续更深层次的团体互动奠定坚实的基础。团体领导者应营造积极、开放和支持性的团体氛围，使每一位学生都能在舞动中找到自己的位置，并在团体中感受到支持与接纳。

以下介绍在学校团体辅导实践中，在团体的初创阶段可能会使用到的舞动治疗的方法和技术。

活动一："自我介绍与招牌动作"

【活动形式】自我介绍与肢体动作展示。

【活动目的】帮助学生们迅速建立联系，增强团体的互动性与凝聚力，加深对彼此的了解，打破初识阶段的陌生感，促进团体氛围。

【适合对象】愿意参加团体辅导的具备理解规则能力的青少年及大学生。

【参加人数】6～15人为佳。

【活动时间】15～20分钟。

【活动场地】明亮且开放的室内空间，学生围坐成圈，确保能够轻松看到彼此。

【活动材料】无特殊材料需求。

【活动程序】

①解释规则：团体领导者向学生们介绍活动规则。每位学生需要大声说出自己的名字，并同时展示自己设计的招牌动作。招牌动作应反映个人特征或兴趣，能够突出个人风格。

②集体模仿：其他学生观察后，一起重复该学生的名字，并模仿其展示的招牌动作。每位学生都依次进行，直到所有人都完成自己的自我介绍与招牌动作展示。

③集体回顾：所有学生展示完后，团体领导者可以带领大家一起重复每个人的名字和招牌动作，再次通过集体模仿巩固记忆。

④总结与讨论：活动结束后，团体领导者可以组织学生讨论对整个活动的体验，探讨通过自我介绍与招牌动作加深对彼此的了解的过程，以及这个活动对团体互动和氛围的影响。

【讨论要点】

①你为什么选择这个招牌动作？它有什么特殊含义吗？

②你在模仿他人动作时，有没有感受到特别的情感或趣味？

③通过这个活动，你对其他成员有哪些新的认识？

【补充说明】

"自我介绍与招牌动作"是一个常见的充满趣味性的团体破冰活动，通过个人的自我介绍与独特的动作展示，帮助成员快速熟悉并记住彼此的特征和名字。这种活动特别适合在团体初识阶段使用，通过有趣的肢体互动，消除紧张感，增强成员之间的情感连接。团体领导者在活动过程中，可以根据团体的实际情况和成员的反应，灵活调整节奏和互动方式，确保每位成员都能够积极参与并从中受益。

活动二："把身体唤醒"

【活动形式】身体部位放松与模仿活动。

【活动目的】逐一唤醒身体的各个部位，使学生的身体逐渐放松，并为进入舞动状态做好准备。帮助学生打破彼此间的陌生感，增强团体的互动性和凝聚力，同时为后续的舞动治疗活动打下基础。

【适合对象】愿意参加团体辅导的具备理解规则能力的青少年及大学生。

【参加人数】6～15人为佳，也可以以一个班级为团体。

【活动时间】15～20分钟。

【活动场地】明亮且开放的室内空间，学生围成圈站立，确保能够轻松看到彼此。

【活动材料】无特殊材料需求。

【活动程序】

①解释规则：团体领导者向学生们介绍活动规则。每位学生需要选择一个不同于其他成员的身体部位进行放松活动，如活动手、颈部、头、腰部、脚等，并做出相应的动作，同时喊出放松该部位的动作名称，比如"放松头部""扭扭臀部"等。

②身体部位唤醒：第一位学生开始，选择一个未被其他成员选择的身体部位，通过轻松的动作活动该部位，并同时喊出该动作的名称。其他成员则观察并模仿该动作和喊出相同的动作名称。

③依次模仿：所有学生依次进行，依照顺序轮流选择尚未被选的身体部位并带领大家做出相应的动作，且同步喊出动作名称。每一轮结束后，整个团体会逐渐放松各个身体部位，准备进入舞动状态。

④总结与讨论：活动结束后，团体领导者可以组织学生讨论整个活动的体验，探讨通过身体部位的唤醒和放松，对身体的感知和舞动状态的影响。

【讨论要点】

①你在选择并活动身体部位时，是否感受到了身体的放松与舒适？

②通过模仿他人动作，你对自己的身体是否有了新的认识？

③这个活动是否帮助你消除了初次见面的紧张感？为什么？

④你觉得这种放松活动对你进入舞动状态有帮助吗？

【补充说明】

"身体部位唤醒"是一种简单且有效的团体活动，通过不同身体部位的逐步放松和唤醒，帮助成员消除紧张感，促进身体的感知与觉察。这种活动特别适合在舞动治疗的初创阶段使用，为成员们进入更深入的舞动活动打下基础。团体领导者可以根据团体的实际情况和成员的反应，灵活调整活动的节奏和强度，确保每位成员都能够积极参与并从中受益。

活动三："升降伞布自我介绍"

【活动形式】降落伞波浪与自我介绍。

【活动目的】帮助学生迅速记住彼此的名字和特征，增强团体凝聚力，打破初次见面的陌生感。

【适合对象】愿意参加团体辅导的具备理解规则能力的青少年及大学生。

【参加人数】8～15人为佳。

【活动时间】20～25分钟。

【活动场地】明亮且开放的室内或室外空间，学生围站成圈，确保能够轻松看到彼此。

【活动材料】降落伞布。

【活动程序】

①解释规则：团体领导者向学生们解释活动规则。所有学生围站在降落伞布四周，双手握住布的边缘。领导者会指挥大家同时上抬和下降降落伞布，形成波浪效果。

②自我介绍与升降波浪：领导者指示所有学生一起上抬降落伞布，当伞布在空中展开时，领导者会随机叫出一位学生的名字。该学生需要迅速跑到伞下，在伞布缓慢降下的过程中，自我介绍，包括自己的名字和一个

简单的个人特征或爱好（例如："我是小明，我喜欢踢足球"）。

③重复与记忆：其他学生则在伞布完全降下之前齐声重复该学生的名字和特征，然后该学生迅速返回自己的位置。如此反复，直到所有学生都完成了自我介绍。

④波浪接龙：在所有学生介绍完自己后，领导者可以组织一次"记忆考验"。团体领导者再次指挥升降伞布，并随机要求一位学生跑到伞下，喊出另一位学生的名字和特征，让那位被提及的学生再次跑到伞下进行展示，并喊出另一位学生的名字和特征，以此类推。

⑤总结与讨论：活动结束后，领导者可以简单总结游戏中大家的表现，并询问学生们是否通过这种方式更容易记住彼此的名字和特征。还可以讨论大家在互动过程中产生的感受。

【讨论要点】

①在自我介绍时，你选择了什么特征来描述自己？为什么？

②你觉得通过这种方式介绍自己，是否更容易让其他人记住你？

③这个活动是否帮助你更快地熟悉和记住其他成员的名字？

④在活动中，你有感受到团体的支持和互动吗？

【补充说明】

自我介绍与升降波浪的结合使得破冰活动更具互动性和记忆性。通过身体动作和口头介绍结合的活动，成员们在放松的氛围中更自然地记住了彼此的名字和特点，增强了团体的亲和力和凝聚力。升降伞布是舞动治疗团体辅导中常用的道具，该道具可以在团体初创阶段及团体辅导的热身环节中被广泛应用，并且可以根据团体的实际需求，设计不同的带有互动性质的团体舞动活动。

（二）舞动治疗在团体辅导工作阶段的设计应用

在团体辅导的工作阶段，舞动治疗的设计和应用应聚焦于如何通过舞动进一步引导学生深入探索内心情感，促进行为改变，并加强学生之间的反馈与互动。在这个阶段，团体关系已经趋于稳定，学生之间的信任和情感联系也得到了巩固，这为深入的情感交流和个人成长奠定了基础。

首先，舞动治疗可以通过特定的舞动活动，帮助学生表达内心深处的情感和想法。工作阶段的关键任务在于引发学生深层次的自我表露，舞动作为一种非语言的表达方式，能够使学生更自然地展现真实的自我。例如，引导学生进行即兴舞动或情感主题舞动，促使他们在舞动中流露出那些平日里难以表达的思想和情感。这样的活动不仅能够深化学生对自我情感的认知，还能帮助他们在团体的支持下勇敢面对内心的冲突与不安，从而促进个人的心理成长。

其次，舞动治疗的工作阶段也是学生之间进行深层次反馈的关键时期。通过设计如对偶舞动或集体舞动等活动，可以帮助学生之间交换正向和负向的反馈。在这些活动中，学生通过身体的互动，能够更加直观地感受到自己的行为对他人的影响。这种通过肢体表达的反馈方式，既减少了语言带来的误解，又增强了学生之间的理解和信任，从而进一步促进其人际关系的改善。

再次，舞动治疗还可以帮助学生利用身体的舞动来探讨和面对个人问题。通过舞动治疗中的身体感知和情感流动，学生能够更深入地探索内心的冲突和困惑。例如，通过"阴影舞动"或"情感释放舞动"等活动，学生可以在身体的表达与释放中找到自我认同和解决问题的途径。这种探讨个人问题的方式，不仅让学生在团体环境中感受到支持，还帮助他们逐步走出内心的困境，找到前行的力量。

最后，舞动治疗通过一系列的动作重复和行为模拟活动，可以帮助学生在身体体验中进行行为改变的练习。舞动治疗的工作阶段应设计以强化积极行为为主旨的活动，通过持续的肢体表达和动作变化，引导学生逐步形成新的行为模式。这种方法不仅能在团体中有效地帮助学生建立新的行为习惯，还帮助他们将这些改变带入日常生活提供了支持，从而促进持续的个人发展。

在团体辅导的工作阶段，舞动治疗通过肢体表达、情感互动和行为模拟，不仅促进了学生的自我探索与行为改变，还通过团体的力量，帮助他们在情感和行为上取得真正的进展。这一过程让学生在团体中获得了深刻的情感体验，并在个人成长的道路上迈出了坚实的步伐。

为了更好地呈现舞动治疗在学校团体辅导工作阶段中的应用，下面例举以大学生群体为对象，以"自我认识""情绪管理""人际关系"为主题的团体辅导，介绍在此阶段中可能应用的技术与方法，以让读者更好地理解该阶段活动设计的思路与重点。

活动一："阴影的探索"①

【活动形式】自我探索与舞动表达。

【活动目的】通过舞动探索心理学中"阴影"的概念，引导学生深入了解和面对自己内心的阴暗面和未被充分认识的情感。活动旨在帮助学生接纳自身的阴影部分，并通过身体的表达与舞动，探索与阴影的关系，促进自我接纳与整合。

【参加人数】6 ~ 12人为佳。

【活动时间】60 ~ 75分钟。

【活动场地】安静、宽敞的室内空间，适合自由舞动，配有柔和的灯光。

【活动材料】舒适的地垫、背景音乐、空白纸张和彩笔等。

【活动程序】

①引导探索阴影：团体领导者简要介绍心理学家荣格提出的"阴影"概念，并邀请学生闭眼进行冥想，回顾自己的生活经历，感受内心未被充分接纳或隐藏的部分，如有需要可以使用彩笔在白纸上涂鸦。

②舞动表达阴影：引导学生通过身体舞动来表现他们对"阴影"的感受。鼓励学生运用不同的动作、速度和姿态，表达出他们对"阴影"的理解与感受。这一过程中，背景音乐应选择富有情感张力的曲目，以帮助学生更深入地发掘内在的情感。

---

① "自我认识"主题第6次团体辅导活动，6/8。

③阴影的整合舞动：在初步舞动之后，团体领导者邀请学生重新审视他们的阴影，并通过新的舞动形式尝试接纳和整合这些部分。学生可以改变动作的力度和节奏，表达出与阴影达成和解的过程。

④分享与讨论：每位学生依次分享他们的舞动体验，以及在与阴影共舞的过程中，自己有哪些新的认识和感受。其他学生可以给予反馈，讨论阴影对于自我认知和接纳的重要性。

【讨论要点】

①你在舞动中是如何表现你的阴影部分的？这些动作象征了什么？

②在重新舞动时，你对这些阴影的感受有什么变化？为什么？

③聆听其他成员的分享，你是否有共鸣或新的启发？

④通过这次活动，你对自我的理解和接纳有了哪些新的发现？

【补充说明】

"阴影的探索"通过舞动的方式，帮助成员在身体层面与自己内心的阴暗面建立联系，并在团体的支持下逐步接纳和整合这些部分。活动设计应确保情感表达的安全性，领导者需敏锐观察成员的情绪反应，并提供适当的支持与引导。舞动过程不仅是情感宣泄的过程，也是自我接纳的重要实践过程。

活动二："舞动情绪"[1]

【活动形式】大幅度情绪表达舞动。

【活动目的】引导学生通过大幅度的身体动作来表达和释放特定情绪，帮助学生学习管理情绪，认识并接受情绪的自然流动，培养情绪调节能力。

【参加人数】6～15人为佳。

【活动时间】45～60分钟。

【活动场地】宽敞的室内空间，能够自由移动和表达。

【活动材料】音响设备，带有情绪色彩的音乐片段（如悲伤、愤怒、

---

[1]　"情绪管理"主题第4次团体辅导活动，4/8。

快乐等）。

【活动程序】

①引导情绪识别：团体领导者首先播放含有不同情绪色彩的音乐片段，依次引导学生识别并感受每种情绪，如悲伤、愤怒、快乐等。领导者可以简要介绍每种情绪及其可能的身体表达方式，但不设限，让学生根据个人感受进行自由表达。

②情绪释放舞动：每播放一段音乐时，团体领导者鼓励学生通过大幅度的身体动作来"释放"相应的情绪。在这个过程中，学生可以完全自由地表达自己的情感，无须压抑或掩饰。团体领导者要努力创造一个支持性的环境，确保每位学生感到安全和被接纳。

③分享与讨论：舞动环节结束后，团体领导者邀请学生分享他们在舞动过程中的情感体验和身体感受，鼓励学生之间相互反馈及分享，给予彼此理解与支持。

【讨论要点】

①你在舞动过程中感受到的主要情绪是什么？

②这些情绪在身体上的表现是怎样的？你如何通过动作表达出来？

③你是否发现了自己之前未曾意识到的情感或反应？

④通过这种情绪释放的方式，你对情绪管理有了哪些新的认识？

【补充说明】

通过"舞动情绪"这一活动，团体成员能够在安全和非评判的环境中自由表达并释放内在情绪。该活动不仅有助于情绪的调节和管理，还可以促进成员之间的情感理解与支持。活动设计应避免强制性的或统一的集体表现方式，而是尊重所有成员的个人节奏和表达方式，确保每个人都能在自己的舒适状态下进行情绪探索和释放。

活动三："舞动关系"[①]

【活动形式】互动舞动与关系探索。

【活动目的】通过舞动探索和互动活动，帮助学生在身体层面上体验和理解人际关系的动态。活动旨在通过双人或多人舞动，让学生探索自己在人际关系中的行为模式、互动方式以及与他人的情感连接，进而促进人际关系的改善和发展。

【参加人数】6～12人为佳。

【活动时间】60～75分钟。

【活动场地】宽敞的、适合多人舞动的室内空间。

【活动材料】音乐设备，背景音乐（适合双人或多人舞动的曲目）。

【活动程序】

①引导关系舞动：团体领导者引导学生组成双人或多人小组，选择人际关系中的主题（如信任、合作、冲突等），并通过舞动来表达这些主题。学生们在舞动中需要协调彼此的动作，体验如何在关系中相互影响。

②关系互动舞动：学生通过双人或多人小组舞动，探索自己在人际关系中的行为模式。领导者鼓励学生观察自己如何与他人合作、冲突或共舞，思考这些舞动如何反映他们的关系动态。

③关系修复与发展舞动：在初步互动后，学生们被邀请通过新的舞动形式，探索如何改善或深化与他人的关系。学生可以尝试改变动作的节奏、力度或方向，以探索新的互动方式，并在这个过程中发现与他人建立更好关系的方法。

④分享与讨论：学生们分享在舞动中的关系体验，以及这些体验如何反映他们在现实中的人际关系。其他成员可以给予反馈，并讨论如何在日常生活中运用这些舞动体验来改善人际关系。

[①] "人际关系"主题第7次团体辅导活动，7/8。

【讨论要点】

①你在舞动中如何表现你在人际关系中的行为模式？

②在关系互动中，你是否发现了自己的一些行为习惯或模式？

③通过新的舞动尝试，你发现了哪些改善或深化关系的方法？

④这次舞动体验对你在人际关系的理解和处理上有什么启发？

【补充说明】

"舞动关系"通过舞动互动，让成员在身体层面上体验和反思他们在人际关系中的行为模式和互动方式。活动设计旨在通过身体的体验来增强成员的关系意识，进而促进他们在现实生活中的人际互动。在这个过程中，成员不仅能发现自己在人际关系中的行为模式，还能通过身体动作探索新的沟通和互动方式，帮助他们更好地处理人际关系中的问题和应对挑战，提升关系中的沟通质量和情感连接。在设计活动时，团体领导者应关注成员的个体差异，确保每个人在互动中的舒适度。特别是对肢体接触有顾虑的成员，领导者应提供灵活的选择，允许他们以自己感到自在的方式参与。此外，活动过程中要留意成员的情绪反应，及时调整节奏和互动方式，确保整个团体的安全感和参与感。

（三）舞动治疗在团体辅导结束阶段的设计应用

在团体辅导的结束阶段，学生之间已经建立了深厚的信任和情感联系，经过前期的工作，学生在个人成长和情感释放方面取得了显著的成果。此时，舞动治疗的设计应以帮助学生整合在团体中的学习与体验为重点，为未来的独立成长和应对挑战做好准备。在这一阶段，关键任务之一是回顾和总结团体辅导的整体经历，并巩固学生在团体中所获得的积极心理资源和支持系统，同时为告别团体时的情感处理提供支持，确保学生能够带着对未来的积极展望和心理韧性走向新阶段。

舞动治疗在此阶段可以通过各种活动形式，帮助学生回顾和整合他们在团体中的重要经历与情感体验。通过舞动，学生能够将在团体中经历的情感波动和成长过程进行具象化表达。例如，可以设计一个自由舞动的环节，让学生用身体的动作表达在团体中的感受和收获。这样的活动使学生不仅能够深刻反思和总结他们的经历，还能将这些积极的体验转化为内在的心理资源，为迎接未来生活中的挑战提供持续的支持和力量。

此外，结束阶段常伴随着学生对团体即将解散的依恋、不舍以及对未来的不确定感。团体领导者可以通过设计特别主题或形式特别的舞动来表达和处理这些复杂的告别情感。例如，设计一个象征性的舞动环节——"告别之舞"，让学生通过舞蹈与团体和其他成员告别，既表达出自己的情感，也通过舞动将这些情感转化为积极的力量。这样的仪式性活动有助于学生逐步从团体的支持过渡到独立面对未来的生活，帮助他们平稳地处理团体辅导结束所带来的情感变化。

展望未来也是结束阶段的重要任务。舞动治疗可以通过创意性的舞动活动，引导学生展望他们即将独立面对的生活。比如，组织一场"未来之舞"，让学生通过舞动表达对未来的期望和计划。这种象征性的舞动不仅能够激发学生对未来的积极想象，还能够增强自身的信心与勇气，在面对未来时，依然能够带着团体中的支持和力量。在这样一个充满仪式感的舞动中，学生能够为自己找到方向感和动力，带着团体的祝福和内心的力量，迎接新的生活阶段。

以下介绍在学校团体辅导实践中团体的结束阶段可能会使用到的舞动治疗的方法和技术。

活动一："回顾之舞"

【活动形式】自由舞动与情感回顾。

【活动目的】帮助学生回顾和总结在团体辅导中经历的情感与成长过程，帮助学生将他们的体验具象化，并在舞动中重新感受团体中的支持和力量，将这些积极的体验内化为未来应对生活挑战的资源。

【适合对象】愿意参加团体辅导的具备理解规则能力的青少年及大学生。

【参加人数】8 ～ 15 人为佳。

【活动时间】45 ～ 60 分钟。

【活动场地】宽敞的、能够自由移动和表达室内空间。

【活动材料】音响设备，适合自由舞动的背景音乐。

【活动程序】

①引导回顾思考：团体领导者播放舒缓的背景音乐，引导学生闭上眼睛回顾他们在团体中的经历和收获，思考这些经历带给他们的成长和情感变化。

②自由舞动表达：学生们通过自由的舞动来表达他们的回忆和感受，舞动的形式完全自由，学生可以根据个人感受进行表达，无须遵循特定的动作或节奏。

③分享与讨论：舞动结束后，团体领导者邀请学生分享他们在舞动过程中的感受和回顾的内容，其他学生可以给予支持和反馈。

【讨论要点】

①在舞动过程中，你回顾了哪些团体经历？

②这些经历带给你怎样的成长或变化？

③你通过舞动表达了哪些情感？

④这些感受对你未来的生活有什么启发？

【补充说明】

"回顾之舞"通过自由舞动的形式，帮助团体成员反思和整合他们的团体辅导经历。活动强调个人的自由表达，确保每位成员都能在自己的节奏中完成情感的回顾和总结。

活动二："舞动未来"

【活动形式】未来主题舞动。

【活动目的】帮助学生表达他们对未来的期望、计划和愿景，激发积极想象，增强学生的信心与勇气，使他们能够带着团体中的支持和力量，积极迈向新的人生阶段。

【适合对象】愿意参加团体辅导的具备理解规则能力的青少年及大学生。

【参加人数】6～15人为佳。

【活动时间】45 ～ 60 分钟。

【活动场地】宽敞的、能够自由移动和表达的室内空间。

【活动材料】音响设备，能激发创意的未来展望音乐。

【活动程序】

①引导未来思考：团体领导者播放一段能激发创意的音乐，引导学生思考他们对未来的期望和计划，鼓励学生在心中勾画对未来的愿景。

②未来舞动表达：学生们通过自由的舞动来表达他们对未来的想象和期望，鼓励创意表达，无须拘泥于特定的动作或形式。

③分享与讨论：舞动结束后，团体领导者邀请学生分享他们对未来的展望和在舞动中的体验，其他学生可以给予积极的反馈和支持。

【讨论要点】

①在舞动中，你对未来表达了什么愿望或计划？

②这些愿望和计划对你而言意味着什么？

③你如何将这些愿望转化为现实的动力？

活动三："舞动祝福"

【活动形式】互相祝福与舞动表达。

【活动目的】提供给学生一个表达感激与祝福的机会，强化团体的情感纽带，并让学生在团体结束时带着满满的正能量和支持感走向未来。

【适合对象】愿意参加团体辅导的具备理解规则能力的青少年及大学生。

【参加人数】6 ～ 15 人为佳。

【活动时间】45 ～ 60 分钟。

【活动场地】温馨的室内空间，适合情感交流和表达。

【活动材料】音响设备，温馨且富有情感的音乐。

【活动程序】

①引导祝福表达：团体领导者播放一段温馨的音乐，引导学生思考他们想要对同伴和团体表达的祝福和感激之情。

②祝福舞动：学生们通过舞动的形式表达他们的祝福和感激之情，可以是独自舞动，也可以是与他人互动的形式，鼓励学生自由表达。

③分享与讨论：舞动结束后，团体领导者邀请学生分享他们的祝福和感激之情，其他学生可以回应并给予支持。

【讨论要点】

①你在舞动中表达了哪些祝福和感激？

②这些祝福和感激对你和他人意味着什么？

③你如何将这些祝福的力量带入未来的生活？

④通过这次活动，你对团体和同伴有哪些新的认识？

【补充说明】

"舞动祝福"通过舞动的形式，帮助团体成员在团体结束时表达感激与祝福，加强团体的情感连接，让成员们带着积极的心态和支持感迈向未来，团体领导者也可以设计不同形式的舞动活动，比如集体圆舞曲等，营造一个充满祝福的氛围，让团体辅导在温馨的气氛中圆满结束。

第五章　戏剧治疗团体辅导
在学校领域的设计应用

一、戏剧治疗团体辅导简介

戏剧治疗（drama therapy）是一种综合了心理治疗与戏剧艺术的治疗方式，通过戏剧性手段来促进心理健康和个人成长。戏剧治疗的核心理念是利用戏剧的创作和表演过程，帮助个体探索、表达和处理内心的情感和问题。这种治疗方式不仅包括传统的戏剧表演，还涵盖了即兴表演、角色扮演、故事创作、蒙太奇等多种形式。

戏剧治疗的基础在于戏剧艺术的表现性和创造性，这使得它成为一种非语言化的沟通工具，能够穿越语言障碍，直接触及个体的内心世界。通过这种方式，参与者能够安全地表达和处理平时可能难以言说的情感和经历，从而促进心理康复和自我认知的深化。

戏剧治疗团体辅导将戏剧治疗的理念和方法应用于团体辅导中，旨在通过团体互动和戏剧性活动，帮助团体成员在安全的环境中共同探索和处理个人与群体的问题。它结合了团体动力学和戏剧疗法，通过角色扮演、即兴创作、情景模拟等形式，使团体成员能够在互动中体验和应对情感、行为和认知上的挑战。在团体辅导的设置中，戏剧治疗特别强调团体成员之间的互动与协作。通过在戏剧活动中扮演不同的角色，成员们不仅能够表达自己的情感和想法，还能够体验站在他人的视角，增强对他人情感和行为的理解。

戏剧治疗团体辅导具有许多独特的疗效，使其在心理治疗和辅导领域中占据了重要地位。首先，戏剧治疗通过戏剧性的手段，使个体在表演中能够更自由地表达自己，从而帮助个体释放压抑的情感，缓解心理压力。这种情感释放的过程，常常被称为"净化"（catharsis），它对个体的情感调节具有重要的作用。其次，戏剧治疗能够促进自我认知和自我觉察。通过角色扮演和情景模拟，个体能够从不同的视角审视自己的行为和情感，这有助于他们更好地了解自己的内心世界。尤其是在团体设置中，成员之间的反馈和互动进一步加深了这种自我觉察的过程。此外，戏剧治疗团体辅导能够增强个体的社交技能和人际关系能力。通过在团体中共同参与戏剧活动，成员们学习如何在一个安全的环境中进行有效的沟通、合作和冲突解决。这种体验式学习使得戏剧治疗不仅关注个体的内在世界，也注重培养他们在现实生活中的社交适应能力。

在学校环境中，戏剧治疗团体辅导具有广泛的适用性和强大的功能性。主要体现在如下三个方面。

第一，戏剧治疗为学生提供了一个表达和探索心理问题的非传统渠道。学校学生面临着学业压力、人际关系问题、身份认同挑战等多种心理需求，通过戏剧性活动，学生能够以一种更自然和更富有创造性的方式处理心理困扰。

第二，戏剧治疗在学校环境中具有教育和发展功能。戏剧治疗不仅仅是心理辅导的工具，也是促进学生全面发展的手段。通过参与戏剧活动，学生能够培养创造力、增强自信心、提高表达能力和团队合作精神，这对学生的学业和个人发展都具有重要的意义。在功能性方面，戏剧治疗能够帮助学校解决一些传统心理辅导难以应对的问题。比如，许多学生可能不愿意直接面对和表达自己的问题，而戏剧治疗能通过角色扮演和情景模拟，使学生在扮演他人或虚构角色时更加自如地表达自己。这种间接的表达方式，特别适合那些性格内向或情感封闭的学生。

第三，戏剧治疗还能够促进学校的整体心理健康环境。学校引入戏剧治疗团体辅导，不仅能够为有心理需求的学生提供支持，还能够营造一个更加包容和理解的校园环境。学生们在戏剧活动中的合作与互动，也有助于减少校园中的冲突和暴力行为，提升整体的校园氛围。

总之，戏剧治疗团体辅导在学校环境中的应用，为学生提供了一个独特而有效的心理支持和发展平台。它不仅有助于解决学生的心理问题，还能促进学生的全面发展，为学校心理健康教育提供了新的路径和方法。

二、戏剧治疗团体辅导在学校领域中的应用优势

在学校环境中，戏剧治疗团体辅导展现出其独特的优势，主要体现在如下四个方面。

（一）戏剧治疗团体辅导为特定学生群体提供安全表达途径

戏剧治疗团体辅导通过独特的间接表达方式，为那些不善于直接表达情感的学生提供了一个自然的情感探索途径。在团体设置中，学生通过角色扮演和即兴表演，可以在扮演他人的过程中间接地释放内心的情感和想法。这种方式避免了直接面对问题的压力，而是通过更隐晦和安全的方式，让学生在舒适的状态下表达难以言说的情绪。

这种间接表达的方式对这类学生群体具有重要意义。通过角色扮演，学生可以暂时摆脱自我身份的限制，更加自由地探索和表达内在情感。同时，戏剧治疗强调的创作性和互动性，让学生在参与过程中感到更加安全和被接受，不再担心被评判或误解，这极大地提升了他们参与团体辅导的积极性与热情。

与此同时，戏剧治疗的团体设置还为学生提供了一个支持性的社会环境。在这个环境中，学生不仅能够通过戏剧活动进行自我表达，还能够通过与其他成员的互动获得支持和理解，提升归属感和自信心，这有助于他

们在日常生活中建立更加积极的人际关系，减少孤独感和社交焦虑。

（二）戏剧治疗团体辅导增强学生社会互动与集体归属感

戏剧治疗团体辅导不仅关注个体的心理健康，还特别强调对个体的社会性和集体意识的培养。在学校中，学生的社交技能和人际关系质量对自身的整体发展至关重要。通过戏剧治疗，学生能够在情景模拟和角色扮演中体验并学习如何处理现实生活中的冲突、合作以及沟通问题。这种体验式的学习方式，使得学生不仅在团体活动中得到成长，也为日后的社会交际打下了坚实的基础。

在戏剧治疗团体辅导中，学生通过参与共同的戏剧活动，能够在互动中学习并提升社交技能。戏剧治疗提供了一个模拟现实社交情境的安全平台，学生可以在这里练习如何在团队中表达自己的意见、与他人协作解决问题以及在面对冲突时采取有效的应对策略。这些在团体中的互动，不仅增强了他们的社交能力，还帮助他们在实际生活中更好地应对人际关系的挑战。

此外，戏剧治疗还通过增强团体成员之间的合作与共鸣，帮助学生在团体中感受到集体归属感。参与共同的戏剧活动，使得学生在合作中体验到相互支持和理解的力量，进而在团体中形成一种积极的集体意识。这种集体意识对于学生的心理健康具有重要意义，它能够减少学生的孤独感和社交焦虑，使他们更加自信地融入学校生活。一定程度上说，戏剧治疗不仅促进了个体的心理成长，也为建立一个更加包容和支持的校园环境做出了贡献。

（三）戏剧治疗团体辅导培养学生解决冲突与合作的能力

在学校环境中，学生不仅需要处理个人的情感和心理问题，还需要学会如何与他人建立并维持健康的关系。戏剧治疗团体辅导在这一过程中扮演了关键角色。通过角色扮演和情景模拟，学生能够在戏剧活动中体验到处理冲突、合作解决问题以及在团队中有效沟通的实际情境。这些体验不仅有助于学生在团体活动中获得成长，还为他们在日后的生活中应对类似问题提供了宝贵的经验。

在戏剧治疗的情景模拟中，学生被引导去探索和理解不同角色在冲突中的情感和动机。这种模拟提供了一个安全的环境，让学生能够在不直接面对现实后果的情况下，实验和练习不同的应对策略。通过不同角色的视角，学生能够理解他人的感受，并反思自己的行为对他人的影响。这种体验式学习，不仅提高了学生处理冲突的能力，还能促进其同理心和社会责任感的发展。

合作也是戏剧治疗中的一个核心元素。在许多戏剧活动中，学生需要通过合作来完成某一任务或达到某一目标。这种合作要求学生学会倾听、尊重他人的意见，并在团体中找到自己的位置。这些技能对于培养学生的团队合作能力具有重要意义，不仅能帮助学生在团体活动中发挥作用，也能为其在未来的工作和社会生活中成功地与他人合作打下基础。

（四）戏剧治疗团体辅导灵活适应学校需求提供定制化支持

戏剧治疗团体辅导的一个显著优势在于其灵活性和多功能性。它能够根据学校的具体需求进行调整和设计，以应对不同学生群体面临的各种心理和行为问题。无论是在应对学业压力、处理校园欺凌，还是促进文化多样性和包容性，戏剧治疗都能通过定制化的活动设计，提供针对性的心理支持。

这种灵活性使得戏剧治疗能够在各种教育背景中得到广泛应用。对于面临学业压力的学生，戏剧治疗可以设计专门的活动，帮助学生通过角色扮演和情景模拟，释放学习压力并找到适合自己的应对策略；对于遭受校园欺凌的学生，戏剧治疗则可以提供一个安全的环境，通过情景重演和讨论，帮助学生理解和处理欺凌带来的心理创伤；同时，对于那些生活在多元文化背景中的学生，戏剧治疗能够通过多元文化的戏剧活动，促进不同文化背景学生之间的理解与包容。

学校可以根据不同年级、不同学生群体的不同需求，灵活地应用戏剧治疗团体辅导。这种定制化的支持方式，使得戏剧治疗不仅能够解决特定的心理问题，还能通过创造性和互动性的活动，提升整个学校的心理健康水平。这种灵活性和适应性，使戏剧治疗成为学校心理健康教育的重要组成部分，有助于满足学生多样化的需求。

三、戏剧治疗团体辅导在学校应用中的常见活动形式

在学校环境中，戏剧治疗团体辅导可以通过多种活动形式来进行。以下介绍常见的几种形式，每一种都具有其心理辅导价值及教育意义。

（一）角色扮演

角色扮演是一种经典的戏剧治疗活动，尤其在团体辅导中具有独特的效果。在学校的团体辅导中，学生通过扮演特定的角色，模拟现实生活中的情境进行表演。这种形式让学生能够暂时脱离自身的身份，进入另一个角色的视角，从而更深入地理解不同角色的感受和行为动机。在团体辅导中，角色扮演不仅有助于学生发展自我认知，还能够在集体互动中帮助他们发展同理心和社交能力。通过与同伴一起在不同的角色中体验各种情感和冲突，学生能够更好地理解他人的处境，并学会换位思考。这种集体性的活动形式还为学生提供了一个安全的环境，让他们能够在同龄人的支持下探索和表达内在的情感和冲突，而不必担心现实生活中的后果。角色扮演在团体辅导中的应用，尤其适合提升学生的情绪调节能力，增强其自我表达能力，并解决人际关系中的问题。通过集体讨论和反思，帮助学生在团体氛围中相互学习和成长，最终更好地适应校园生活，同时培养其应对复杂社会情境的能力。

（二）即兴表演

即兴表演是学校戏剧治疗团体辅导中最常见且最具价值的一种活动形式。即兴表演鼓励学生在没有事先准备的情况下，临场创造并演绎某个主

题或情境。在学校团体辅导中，这种形式不仅让学生通过自由发挥来表达内心的感受和情绪，还能在集体环境中打破传统的表达方式，促进个人与集体的创造力和想象力的发展。在团体中，即兴表演不仅是突破学生自我限制、增强自信心的重要途径，还能通过彼此的互动和反馈，使学生在集体中感受到支持和鼓励，进一步提升自我表达的勇气。

在即兴表演的过程中，学生需要快速反应，并通过短时间内的相互依赖、合作与交流，来应对和适应未知的情境，这个过程极具挑战性，需要团体领导者能够进行相应的引导和创设氛围，让学生在此过程中增强团队合作意识和集体归属感。此外，团体辅导提供了一个轻松且安全的氛围，使学生能够在同伴的陪伴下大胆尝试新的表达方式，逐步克服内心的羞怯，培养更为自信和开放的个性。团体中的即兴表演活动不仅帮助个人成长，也促进了整个团体的凝聚力和协作精神，使每位学生都能在互动中获得情感上的支持。

（三）面具戏剧

面具戏剧是一种在学校团体辅导中极具意义的戏剧治疗活动。通过使用面具进行表演，学生能够借助面具的掩饰效果，更自由地表达平时不易表露的情感和内心世界。在团体辅导的情境下，面具为学生提供了一个心理保护的屏障，使他们能够在面具背后更为大胆地探索自己的内在情感和身份，这对于那些平时较为内向或羞涩的学生尤为有帮助。面具戏剧在团体中创造了一个安全而包容的环境，学生能够暂时放下对外在形象的顾虑，集中精力表达内心深处的想法和感受。

在团体辅导中，面具戏剧不仅减轻了学生对自我暴露的焦虑，还通过集体互动增强了学生对自我身份的认同和理解。在这种活动形式中，学生可以更深入地探讨个人的内在世界，同时也能够从其他团体成员的反馈中获得新的视角和理解。面具戏剧不仅仅是个人的表达，也是团体中的集体创作体验。学生在共同创作和表演过程中，不仅体验到艺术表达的乐趣和满足感，还通过相互支持和鼓励，增强了团体的凝聚力和集体归属感。

此外，面具戏剧活动在学校团体辅导中还具有促进学生艺术欣赏能力的教育意义，它帮助学生发掘更多元的自我表达途径，增强创造性思维和自我探索的意识。通过这种集体活动，学生不仅能够在戏剧表演中发出属于自己的声音，还能学会如何在团体中支持他人，最终在共同成长中实现心智和情感的双重发展。

（四）剧本创作

剧本创作是学校戏剧治疗团体辅导中常见的活动形式之一，通过集体创作剧本，学生可以表达自己的想法、情感和经历，并在过程中体验到合作和集体创作的力量。在团体辅导的环境下，剧本创作为学生提供了一个自我探索和情感表达的绝佳机会。学生可以通过虚构的情节和角色来表达现实中难以言说的困惑与感受，从而实现内心的释放和解压。

在剧本创作过程中，学生共同讨论和构思情节，分配角色，并为故事的发展提供自己的见解和创意。这种合作形式不仅培养了学生的团队精神和沟通能力，还让学生在集体创作中感受到归属感和成就感。通过表达个人的想法和情感，学生能够在团体中获得同伴的支持和认可，增强自我认同感。剧本创作的另一个重要价值在于为学生提供了一个安全的空间，让学生可以在故事中尝试不同的角色和情境，探索可能的行为和决策后果。这种活动有助于学生在戏剧性情境中处理内在冲突，促进心理健康发展。此外，剧本创作还能激发学生的想象力和创造力，提升写作和表达能力。

在学校团体辅导的背景下，剧本创作不仅是一个创意输出的过程，更是一个集体反思和成长的机会。通过共同创作，学生学会了如何尊重他人的观点，如何在意见有分歧时达成共识，如何通过合作实现共同目标。剧本创作活动不仅增强了学生的表达能力，还为他们提供了一个体验和理解复杂情感与人际关系的机会，使其在团体中得以成长并更好地适应校园生活。

（五）故事剧场

故事剧场是一种充满创意与文化底蕴的戏剧治疗活动，在学校团体辅导中常被使用。故事剧场主要指学生通过改编或创作传统故事、民间传说或现代故事等，将这些故事以表演的形式呈现出来。故事剧场不仅是一个简单的讲述过程，更是一个深入传承文化价值观的艺术体验。在学校团体辅导中，学生通过集体讨论、角色分配和排练，将经典故事重新演绎，赋予其新的生命和意义，这个过程不仅增强了他们对故事内涵的理解，还让他们在文化传承的过程中找到自我认同感。

通过故事剧场，学生能够接触到丰富的文化素材，从中汲取精神力量。无论是古老的神话，还是现代的都市传说，这些故事中的正面角色和情节都能够激励学生形成积极的人生态度和价值观。故事中的英雄精神、智慧和勇气等品质在表演中得以展现，学生们在扮演这些角色时，也会逐渐内化这些积极的品质，形成正向的心理暗示和正确的生活态度。此外，故事剧场的创作过程本身就充满了对想象力和创造力的挑战。学生们可以自由地改编情节、塑造角色，为故事注入新的元素，这种自由创作的空间不仅激发了他们的创新能力，也让他们学会通过艺术形式表达内心的想法和情感。

在团体辅导的情境中，故事剧场还为学生提供了一个安全而有支持性的环境，让他们在表演中自信地表达自己。通过集体的协作和交流，学生们不仅增强了语言表达能力和沟通技巧，还在集体创作中学会了团队合作和互相支持。每位学生都在这个过程中找到自己的角色和位置，感受到集体的力量和归属感。这种通过故事和表演的互动，不仅促进了学生之间的情感连接，还帮助他们在团体中获得心理上的支持和鼓励。

（六）心理剧技术

心理剧技术是一种深具疗愈效果的戏剧治疗活动形式，在学校的团体辅导中应用广泛。心理剧技术通过让学生扮演自己的生活角色或象征性角色，帮助他们深入探索自己的内心世界，处理未解决的情感冲突和心理困扰。这种技术强调即兴创作和角色扮演，通过重现生活中的场景或情感困境，让学生能够在一个安全的环境中重新体验和处理这些问题。在学校环境中，心理剧技术可以通过多种方式实施。例如，在某个冲突场景重现中，学生可能会被邀请扮演自己，与自己产生冲突的家人、朋友或老师。在这些场景中，学生不仅要表达自己内心的情感和困惑，还需要尝试理解他人的感受和动机。这种双重角色扮演有助于学生从不同的角度看待问题，进而找到新的解决方式或理解路径。在团体辅导中，心理剧技术不仅帮助个体进行情感表达，还通过集体讨论和反馈来促进团体成员之间的相互理解与共情。通过观察他人的表演，学生可以获得新的视角，学会如何在类似情境中处理自己的问题。整个团体在这个过程中共同成长，形成更加紧密的情感联系。心理剧技术在学校团体辅导中不仅能帮助学生处理当前的情感困境，还为学生提供了探索自我、增强自信、发展社交技能的机会。在心理剧团体辅导的过程中，学生学会了如何在安全的环境中探索和表达自己，并通过这种体验式学习来提升自身的情感智力和社会适应能力。

四、学校戏剧治疗团体辅导在不同阶段中的设计应用

（一）戏剧治疗在团体辅导初创阶段的设计应用

在团体辅导的初创阶段，戏剧治疗以其独特的艺术形式和情感表达，为学生之间建立信任与安全感提供了丰富的基础。作为团体领导者，在此阶段的设计与应用中，应着重打造一个温馨、包容的戏剧舞台，让学生在角色扮演与即兴创作的乐趣中彼此靠近，为整个团体辅导的顺利进行奠定坚实的基础。

首先，为了迅速拉近学生之间的距离，团体领导者可以设计一系列简单而富有象征意义的戏剧游戏，鼓励学生以戏剧化的方式展现自我，传达情感与个性，从而在潜移默化中建立起彼此间的初步信任。这一阶段的团体辅导活动应注重包容性和趣味性，确保每位学生都能轻松参与并感受到被接纳和被重视。这种无压力的互动形式能够让学生在轻松的氛围中开始了解彼此，并逐渐放下心理防备。

为了进一步深化学生间的情感联系，领导者可以组织集体创作短剧或

情景再现。通过共同构思、排练与演出，学生将在合作中体验到团体的力量与温暖。这些活动不仅促进了彼此之间的沟通与理解，还能让学生在共同创造的过程中找到归属感。尤其是在共同创作中，每位学生都能够看到自己对集体的贡献，这种参与感和成就感在团体初创阶段尤为重要。团体领导者在此阶段应鼓励学生以开放的心态，勇于尝试不同的角色与表达方式，从而进一步打破隔阂，增进信任。

为了激发学生的参与热情和创造力，团体领导者可以引入即兴戏剧的元素，要求学生快速反应、灵活应变。这样不仅锻炼了学生的反应能力，还让他们在轻松、愉快的氛围中释放自我，展现个性。通过即兴创作，学生将以更加放松的状态融入团体，享受戏剧带来的乐趣与自由。在即兴表演中，学生不仅学会了如何在瞬间做出反应，还通过互动增强了成员间的理解和支持，团体氛围也因此更加紧密和融洽。

在初创阶段的团体辅导设计中，团体领导者需要始终保持对每位学生的敏锐观察，特别是在他们的情绪表现和参与积极性方面。通过细致入微的关注，领导者能够及时发现团体中的动态变化，并据此灵活调整活动的强度和节奏，以确保每位学生都能以自己的节奏适应和融入活动。这种对个体差异的尊重与灵活应对，能够帮助学生逐步建立对团体环境的信任感，使他们在参与过程中感到舒适和安全。

同时，团体领导者还应注重创造一种积极而包容的氛围，使每位学生在活动中都能感受到被接纳和被尊重。无论是通过鼓励性的反馈还是对每位学生独特贡献的认可，领导者都应努力让学生在活动中体验到成功的喜悦和被支持的力量。这样，学生在尝试新事物时，即便遇到挫折，也会感到被理解和接纳，从而更愿意继续参与接下来的团体互动。通过这种精心设计的过程，团体辅导的初创阶段不仅能为学生之间的信任打下坚实基础，还能为之后更深入的情感探索和心理成长提供一个稳固的平台。

以下介绍在学校团体辅导实践中，在团体的初创阶段可能会使用到的戏剧治疗的方法和技术。

活动一："自我介绍戏剧表演"

【活动形式】即兴表演与自我介绍结合。

【活动目的】帮助学生在一个轻松、有趣的环境中相互认识，展示学生个人特质，增进团体的互动性与创造力，帮助学生迅速融入团体。

【适合对象】愿意参加团体辅导的具备理解规则能力的青少年及大学生。

【参加人数】6～15人为佳。

【活动时间】20～30分钟。

【活动场地】宽敞且开放的室内空间，便于自由走动和表演。

【活动材料】一些简单的服装道具（如帽子、围巾、眼镜等），可以帮助学生快速进入角色。

【活动程序】

①解释规则：团体领导者向学生介绍活动规则。每位学生将随机抽取一个角色卡片，上面写着一个简单的角色身份（如老师、医生、超级英雄、历史人物等）。学生需要根据这个角色身份进行即兴表演，并在表演中介绍自己。

②自我介绍与表演：每位学生依次根据他们的角色进行自我介绍，尝试用角色的语言、姿态和行为来介绍自己。其他学生在观看时要认真倾听，记住每个角色的特点和学生的名字。

③集体反馈与互动：在每位学生表演完后，领导者鼓励其他学生给予积极反馈，并可以互相提问，进一步了解扮演的角色和背后的故事。

④角色互换：如果时间允许，团体领导者可以让学生互换角色，再次进行即兴表演，让每位学生都有机会探索和体验不同的角色身份。

⑤总结与讨论：活动结束后，团体领导者组织学生分享他们在即兴角色扮演中的体验，讨论通过这种方式进行自我介绍带来的新感受，以及这个活动对团体氛围的影响。

【讨论要点】

①在扮演角色的过程中，你如何将自己的特点融入角色中？

②哪位成员的表演让你印象最深刻？为什么？

③通过这个即兴表演活动，你对团体其他成员有了哪些新的认识？

【补充说明】

"自我介绍戏剧表演"是一个高度戏剧化的活动，充分利用了即兴表演和角色扮演的元素，适合在团体辅导的初创阶段使用。在活动设计上，可以充分利用各种道具，使活动更具有灵活性，让团体成员能够迅速地进入角色，打破初期的拘谨感，并且提供了一个展示个性和创意的舞台，帮助成员在团体中建立起更加紧密的情感联系和互动模式。

活动二："团体规则探索"

【活动形式】情境演绎与规则探讨。

【活动目的】通过情境演绎的方式，帮助学生们以互动和有趣的方式制定团体规则。这一活动能够让学生在参与的过程中理解规则的重要性，并共同讨论和确定对团体有益的行为规范，从而增强团体的凝聚力和责任感。

【适合对象】愿意参加团体辅导的具备理解规则能力的青少年及大学生。

【参加人数】6～15人为佳。

【活动时间】30～40分钟。

【活动场地】宽敞的室内空间，便于角色扮演和小组讨论。

【活动材料】用于记录规则的纸笔，一些简单的道具（如卡片、标志牌）可以用于情境演绎。

【活动程序】

①介绍与分组：团体领导者向学生们介绍活动的目标和规则，随后将学生分成小组（2～4人一组）。每个小组将获得一个简短的情境描述，这些情境涉及常见的团体问题或挑战（如迟到、不倾听他人、霸占讨论时间等）。

②情境演绎：每个小组根据所给的情境进行短暂的演绎，展示在这些情况下可能会发生的行为和后果。团体领导者鼓励小组充分发挥创意，通过表演真实地展示出这些情境的影响。

③集体讨论：演绎结束后，领导者引导全体学生讨论每个情境中展示的问题。学生们可以分享他们的观察，讨论这些行为对团体的影响，并提出相应的规则建议，以防止类似问题的发生。

④制定规则：在集体讨论的基础上，领导者帮助学生总结出一套团体规则。规则应简明清晰，易于遵守，并由学生们共同认可。

⑤规则承诺：全体学生共同朗读或签署制定好的规则，作为对规则的承诺。领导者可以引导大家以某种象征性的方式（如集体宣誓、签名等）表达他们对遵守这些规则的承诺。

【讨论要点】

①在演绎这些情境时，你有哪些感受？

②你认为哪些规则对团体运作最为重要？为什么？

③你是否愿意承诺遵守这些规则？这些规则如何帮助你在团体中更好地与人合作？

活动三："角色切换之旅"

【活动形式】角色扮演与切换。

【活动目的】帮助学生体验不同角色的情感和行为模式，促进对自我与他人的理解，增强学生的适应力和情感转换能力，同时提升团体互动的灵活性与合作性。

【适合对象】愿意参加团体辅导的具备理解规则能力的青少年及大学生。

【参加人数】8～15人为佳，足够的学生数量可以创造丰富的角色互动。

【活动时间】25～30分钟。

【活动场地】适合角色扮演的宽敞室内空间，确保能够自由走动和互动。

【活动材料】简单的道具或服饰（用以辅助角色扮演，但非必须）。

【活动程序】

①角色选择：领导者分发或引导学生选择不同的角色，每位学生开始扮演分配到的角色。

②场景设置：领导者设定一个简单的场景（如学校操场、家庭聚会等），学生根据角色开始互动。

③角色切换：在互动进行一段时间后，领导者突然宣布角色切换，学生需要迅速切换到新角色并继续互动。这个过程可以重复数次，以增加体验的丰富性。

④总结与讨论：活动结束后，领导者组织学生讨论他们在角色切换中的体验，探讨在不同角色中切换时的情感变化和行为调整，以及这个活动对自我认知和理解他人的影响。

【讨论要点】

①在切换角色时，你有哪些新的体验和感受？

②这个活动是否让你对不同角色的情感和行为有了新的理解？

③如何在短时间内适应新角色，这对你在现实生活中有何启发？

【补充说明】

"角色切换之旅"是一种富有挑战性的戏剧治疗活动，通过快速切换角色，让成员们体验不同的情感和行为模式，促进对自我与他人的理解。这种活动非常适合在团体辅导的初创阶段使用，既可以作为破冰活动，也可以作为主题活动。团体领导者可以根据团体辅导的主题及成员对团体的期待与诉求，设置不同的角色与场景，以此在短时间内探索多样化的情感和社交互动。

（二）戏剧治疗在团体辅导工作阶段的设计与应用

在团体辅导的工作阶段，戏剧治疗作为一种富有创造性和互动性的心理治疗方式，能够深入地挖掘和处理学生内在的情感冲突与心理困扰。在这个阶段，团体中的学生已经建立了一定的信任基础，因此可以进行更深层次的情感探索和问题解决。戏剧治疗的方法和技术能够帮助学生通过角色扮演、情境重演以及象征性表达等方式，安全地面对和处理复杂的情感体验，并在互动中获得新的理解和成长。

首先，在这个阶段，团体领导者可以设计一系列更加复杂和富有挑战性的戏剧活动，以促使学生在安全的环境中探索个人的情感困惑和行为模式。例如，通过角色扮演和情境重演，学生可以重温或重新演绎生活中的重要情境，从而深入理解过去的经历对当前情感和行为的影响。这种重演不仅可以帮助学生重新审视和处理未解的情感创伤，还可以通过团体的支持，体验到不同的应对方式和情感处理方法。

其次，戏剧治疗在这个阶段的应用还可以通过象征性表达，如使用道具、面具、肢体语言等方式，让学生以非语言的方式表达内心深处难以言喻的感受。这种象征性表达方式能够有效地帮助学生突破语言的限制，直接接触到内在的潜意识内容，从而获得更深层次的情感释放和心理整合。在这个过程中，团体领导者的引导和支持至关重要，他们需要敏锐地观察学生的表现，提供适时的反馈和鼓励，帮助学生在团体互动中找到新的自我定位和心理平衡。

最后，工作阶段的戏剧治疗设计还应注重学生之间的相互支持与合作。通过集体创作和集体讨论，学生们可以在团体中共同探索和解决情感困惑，学习到新的问题应对策略和人际交往技巧。这种集体合作不仅增强了学生的归属感和团队精神，还能让每位学生在团体中找到自己的价值和意义，从而促进整个团体的心理健康和情感成长。

总之，在团体辅导的工作阶段，戏剧治疗通过其独特的互动和表达方式，能够有效促进学生的情感探索和心理成长。团体领导者应根据学生的具体需求和团体的主题，灵活运用戏剧治疗技术，帮助学生深入挖掘和处理内在情感，提升团体的整体效果。

为了更好地呈现戏剧治疗在学校团体辅导工作阶段中的应用，下面以大学生群体为工作对象，例举以"自我认识""情绪管理""人际关系"为主题的团体辅导案例，介绍在此阶段中可能应用的技术与方法，以帮助读者更好地理解该阶段活动设计的思路与重点。

活动一："内在对话"①

【活动形式】角色扮演与内心对话。

【活动目的】通过角色扮演的形式，帮助学生进行内在对话，探索并理解他们内心的不同声音和自我冲突。活动旨在引导学生识别和整合他们内心的矛盾部分，促进更深层次的自我认知和自我接纳。

【参加人数】8～15人为佳。

【活动时间】60～75分钟。

【活动场地】安静、宽敞的室内空间，提供舒适的座椅和开放的活动区域，适合进行角色扮演。

【活动材料】纸张、笔、简单的道具（如帽子、围巾），用于区分角色。

【活动程序】

①内在角色识别：团体领导者引导学生回顾自己的生活经历，思考并识别日常生活中自身内心的不同声音或角色（如"批评者""支持者""梦想家"等）。每位学生需要确定至少两个自己经常意识到的内在角色，并简要描述这些角色的特点。

②角色扮演与对话：团体领导者将学生分成3～4人一组，在小组活动中，每位学生都将有一次机会成为主角。此时，其他学生将扮演该主角内心识别出的不同角色，并围绕这些角色与主角展开一段对话。扮演者需根据所扮演角色的特点，通过语言和肢体动作来表达其观点和情感，而主角则需要按照自己内心的真实意愿，与这些角色进行互动，以探索它们之间的互动与潜在冲突。

③集体分享与讨论：每组学生完成角色扮演后，回到大组中，分享他们在对话中的体验与发现。领导者引导学生探讨这些内在角色如何影响学生的自我认知和行为，以及如何在日常生活中整合这些矛盾。

---

① "自我认识"主题第5次团体辅导活动，5/8。

④整合练习：在讨论结束后，领导者指导学生们进行一个整合练习。学生需要与内在角色之间达成某种和解，尝试用一个整体的、自我接纳的视角来看待自己。这个练习可以通过书写自我对话或进行小组内的分享来完成。

【讨论要点】

①你识别出的内在角色是什么？这些角色如何在你生活中发挥作用？

②在角色扮演的过程中，你感受到了哪些冲突？这些冲突对你意味着什么？

③通过与内在角色的对话，你对自己的理解有了哪些新的启发？

④如何在日常生活中应用你在活动中学到的整合策略？

【补充说明】

"内在对话"是一种探索自我内在冲突和多重自我认知的活动，通过角色扮演，成员能够更清晰地看到自己内心的矛盾，并尝试通过对话和整合来达成内心的和解。活动过程中，领导者需敏锐观察成员的情感反应，确保活动氛围的安全和支持性，帮助成员在探索过程中找到自我认同与接纳的力量。

活动二："情绪角色即兴戏剧"①

【活动形式】即兴戏剧与角色扮演。

【活动目的】帮助学生外化、表达和调节他们的情绪，让学生通过扮演不同情绪的角色，探索这些情绪在日常生活中的表现和影响，从而学习如何更有效地管理和调节情绪。

【参加人数】6～12人为佳。

【活动时间】60～75分钟。

【活动场地】宽敞的室内空间，便于自由走动和表演。

【活动材料】简易服装道具（如围巾、帽子）、角色卡片（标注不同

---

① "情绪管理"主题第5次团体辅导活动，5/8。

的情绪，如愤怒、悲伤、喜悦、焦虑等）、背景音乐。

【活动程序】

①引导与角色分配：团体领导者首先介绍不同情绪的特点，并为每位学生分配一个情绪角色。角色可以通过抽取卡片的方式随机分配。每个角色代表一种情绪，如愤怒、悲伤、喜悦、焦虑等。

②即兴情境演绎：领导者设置一个简单的日常情境，如"处理朋友间的冲突"，并邀请学生在情境中即兴表演。他们需要根据自己分配的情绪角色，表现出该情绪在特定情境下的反应和行为。例如，扮演"愤怒"的学生可能在面对挑战时表现出急躁和发脾气，而扮演"悲伤"的学生则可能表现出退缩和无助感。

③情绪互动与角色互换：在初次演绎后，领导者可以引导学生互换角色，再次演绎相同的情境。这一过程使得每位学生都有机会体验和表达不同的情绪，从而理解情绪的多样性及其在人际互动中的影响。

④集体反馈与讨论：表演结束后，领导者引导学生分享他们在扮演不同情绪角色时的感受。

⑤情绪管理策略总结：在讨论的基础上，领导者帮助学生总结在现实生活中管理和调节这些情绪的有效策略。学生可以分享他们在活动中学到的技巧，并讨论如何在日常生活中运用这些技巧来改善情绪管理。

【讨论要点】

①在扮演不同情绪角色的过程中，你感受到了哪些情绪的力量？这些体验对你有何意义？

②各类情绪如何影响我们的行为和决定？当我们表现出这些情绪时，其他人是如何反应的？

③在演绎情境时，哪些情绪让你感到最难以控制？为什么？

④通过观察他人的表演，你学到了哪些关于情绪表达和管理的技巧？

⑤你将如何在现实生活中运用这次活动中学到的情绪调节方法？

【补充说明】

"情绪角色即兴戏剧"是一个结合即兴表演与情绪管理的戏剧治疗活动，通过在戏剧中扮演不同情绪的角色，成员们可以深刻体验和探索情绪对行为的影响。在活动中，领导者应注重营造安全和支持性的环境，鼓励成员充分投入角色，并在讨论中分享他们的体验和感受。该活动的设计可以根据实际人数和团体成员的风格，进行灵活设计，例如可以分小组开展，3～5人一个小组，并且给予不同的日常情境供小组进行表演和讨论，最后在大组里进行表演与分享。

活动三："无声的交流" ①

【活动形式】非语言沟通与角色扮演。

【活动目的】帮助学生体验和理解人际互动中的情感传递与表达，增强学生的沟通意识，探索在人际交往中非语言表达的重要性，促进更深层次的人际理解与关系建立。

【参加人数】6～12人为佳。

【活动时间】60～75分钟。

【活动场地】宽敞的室内空间，适合自由走动和角色扮演，配有舒适的座椅。

【活动材料】纸张、笔、简单的道具（如眼罩、绳子），用于模拟不同的非语言沟通场景。

【活动程序】

①引导非语言沟通：团体领导者简要介绍非语言沟通的重要性，列举非语言表达的常见形式（如表情、姿态、触摸、距离等）。领导者可以进行示范，帮助学生了解非语言信号如何在沟通中发挥作用。

②角色扮演与情境体验：两人一组，每组分别演绎不同的情境，如"无声争吵""无声道歉""无声鼓励"等。学生需要在没有语言表达的情况下，

---

① "人际关系"主题第 5 次团体辅导活动，5/8。

用非语言的方式表达自己在情境中的情感和意图。每个小组表演完毕后，其他学生可以尝试对其进行解读并反馈他们的观察和感受。

③角色互换与多次尝试：领导者鼓励学生互换角色，并尝试多次演绎不同情境，以体验不同的情感表达方式。这个过程中，学生可以逐渐理解和掌握如何通过非语言信号来传递更清晰的情感信息。

④总结与讨论：在所有情境表演结束后，领导者引导学生回顾和讨论他们的体验。讨论重点包括在非语言沟通中遇到的挑战，非语言信号在日常人际交往中的作用，以及如何提高自己的非语言沟通能力。

【讨论要点】

①在非语言沟通中，你感受到了哪些特别的挑战或收获？

②你认为在日常人际交往中，非语言表达是否比语言表达更为重要？为什么？

③在角色扮演的过程中，你学到了哪些新的沟通技巧？

④你如何将这些非语言沟通技巧应用到现实生活中，以改善你的人际关系？

【补充说明】

"无声的交流"是一个强调非语言沟通在人际互动中的作用的活动，通过模拟不同的情境，成员能够深刻体验和反思他们在沟通中的非语言表达方式。活动过程中，领导者应注意观察成员的互动情况，确保每位成员都能积极参与，并且引导成员进行深入的思考与联想，并从中学习和成长。

（三）戏剧治疗在团体辅导结束阶段的设计应用

在团体辅导的结束阶段，戏剧治疗的主要任务是帮助学生回顾和总结整个辅导过程中的收获，促进他们对团体经历的反思与整合，并为未来的个人成长奠定基础。在这个阶段，戏剧治疗的设计与应用应注重情感的告别与关系的结束，同时引导学生将团体中学到的技能和洞察应用到日常生活中。

首先，在结束阶段，团体领导者可以通过回顾性戏剧来帮助学生回忆和整合整个团体辅导的经历。这个活动可以设计为一个简短的戏剧演出，由学生们扮演自己在团体中的角色，回顾和重现他们在不同阶段的关键时刻。这种回顾性演绎不仅有助于学生清晰地看到自己的成长与变化，还可以帮助他们整理和强化在团体中获得的情感支持与心理技能。

其次，为了促使学生进行更深层次的情感告别和内在整合，团体领导者可以引入一个象征性的角色告别活动。在这个活动中，学生将通过戏剧的方式，与团体中的重要角色或象征性的对象进行告别。这些角色可以代表团体中的某个成员、某个情感状态或某个重要的经历。通过这种象征性的告别，学生能够更好地处理分离情感，并为结束团体关系做好心理准备。

再次，团体领导者还可以设计未来愿景戏剧，让学生通过戏剧化的形式展望未来。这一活动可以帮助学生将团体中的收获与未来的个人发展相连接，促使学生在离开团体后，能够在现实生活中继续成长。学生可以在戏剧中演绎自己未来的理想状态，并探讨如何将团体中学到的技巧和经验应用到生活的各个方面。这不仅增强了学生对未来的信心，还有助其在离别之际带着希望和积极的心态继续前行。

最后，团体领导者还可以设计一个集体反思与庆祝的环节，通过戏剧化的方式回顾整个团体的旅程，并庆祝每位学生的成长与收获。这一环节可以设计为一个简短的戏剧片段或集体创作，表达对团体经历的感激与珍惜。通过这种具有仪式感的结束活动，学生能够更好地感受到团体关系的完整性，并带着积极的情感结束整个辅导过程。

总之，戏剧治疗在团体辅导结束阶段的设计与应用，应着重于回顾与整合、情感告别与未来展望，帮助学生在安全和支持性的氛围中完成团体辅导的旅程。团体领导者在这个阶段的引导至关重要，需要敏锐地关注学生的情感反应，确保每位学生都能在结束阶段获得应有的支持和认可，从而顺利地回归到团体辅导结束后的生活中。

以下介绍在学校团体辅导实践中，在团体的结束阶段可能会使用到的戏剧治疗的方法和技术。

活动一："遇见未来的自己"

【活动形式】角色扮演与即兴表演。

【活动目的】帮助学生探索自己在一年、五年和十年后不同阶段的生活状态。活动旨在通过与未来的自己进行对话，反思当前的成长路径，激发学生对未来生活的积极思考和规划。

【适合对象】愿意参加团体辅导的具备理解规则能力的青少年及大学生。

【参加人数】8～12人为佳。

【活动时间】60～75分钟。

【活动场地】宽敞的室内空间，适合自由走动和角色扮演。

【活动材料】简单的道具（如帽子、围巾等），用于区分不同的角色。

【活动程序】

①思考未来愿景思考：团体领导者引导学生闭上眼睛，分别想象自己在一年后、五年后和十年后的生活状态。学生应具体思考每个阶段中自己的生活样貌、职业发展、情感状态以及其他重要的生活方面。

②小组分享与角色分配：学生分成4人一组，每人依次向小组其他成员讲述自己想象中的未来生活。讲述过程中，学生指定其他组员分别扮演自己在一年后、五年后和十年后的角色，并简要说明这些角色的特点和生活状态。

③即兴表演与对话：每组学生进行一段即兴表演，模拟自己在当前状态下与一年后、五年后和十年后的自己相遇并对话的场景。表演过程中，学生们可以讨论未来的计划、表达对未来的期待或担忧，并反思现在的行为如何影响未来。

④集体分享与讨论：表演结束后，团体领导者引导学生分享他们在表演中的体验与感受。讨论的重点在于探讨当前的选择对未来的影响，以及如何将未来的愿景转化为具体的行动计划。其他小组成员可以提供反馈和支持，帮助表演者进一步明确自己的未来目标。

【讨论要点】

①在与你的未来自我对话中，你感受到了什么？这些对话是否改变了你对未来的看法？

②你对自己在一年后、五年后和十年后不同阶段的角色有什么样的期待和计划？

③通过这次活动，你对当前的生活和选择有了哪些新的想法？

④你将如何根据这次活动中的体验，制定更加具体的未来规划？

【补充说明】

"遇见未来的自己"是一个引人深思的戏剧治疗活动，通过角色扮演和与未来自我的对话，成员们能够更直观地理解自己可能的人生轨迹和当前选择对未来的影响。领导者应创造一个安全、开放的环境，鼓励成员们在表演中充分表达他们对未来的希望和疑虑，并通过讨论帮助他们将这些洞察转化为实际行动。这个活动不仅帮助成员更清晰地看到未来的发展方向，还能增强他们为未来努力的动力和信心。

活动二："颁奖典礼"

【活动形式】颁奖仪式与角色扮演。

【活动目的】通过颁奖仪式的形式，帮助学生在团体辅导结束阶段总结和庆祝他们在团体中的成长与进步。活动旨在为每位学生提供一个成为焦点的机会，让他们感受到来自团体的认可与支持，并为他们的未来送上真挚的祝福。

【适合对象】愿意参加团体辅导的具备理解规则能力的青少年及大学生。

【参加人数】8～12人为佳。

【活动时间】60～75分钟。

【活动场地】宽敞的室内空间，布置成颁奖典礼的场景，提供一个展示的舞台。

【活动材料】提前准备的小礼物（由学生自行准备），颁奖词卡片，背景音乐。

【活动程序】

①准备阶段：团体领导者提前告知所有学生，每个人需准备一份小礼物，作为颁奖典礼的一部分。每位学生还需要为其他成员准备一段颁奖词，内容包括对该成员在团体中的成长、贡献及未来的祝福。领导者可提供指导，确保颁奖词的积极性和鼓励性。

②颁奖典礼开始：活动当天，团体领导者引导每位学生依次上台，作为颁奖典礼的主角。其他学生将轮流作为颁奖嘉宾，上台为主角颁发礼物，并朗读颁奖词。每位学生都将有一次成为主角的机会，接受来自团体的祝贺和认可。

③颁奖与回应：每位主角接受颁奖后，可以简短分享自己的感受，并对颁奖嘉宾及团体表示感谢。背景音乐可在此时轻柔播放，营造温馨而又隆重的氛围。

④集体分享与总结：所有学生都完成颁奖后，团体领导者引导大家进行集体分享，讨论在颁奖过程中的感受，特别是学生们如何看待自己的成长和其他成员的支持。此环节可以作为对团体辅导的情感总结和回顾，帮助学生更好地内化团体的经验和收获。

【讨论要点】

①在接受颁奖时，你感受到哪些情感？这些感受对你而言意味着什么？

②你为他人颁奖时，有没有特别感动或共鸣的时刻？为什么？

③通过这个活动，你如何看待自己在团体中的成长和进步？

④你打算如何将团体中的支持和祝福带入未来的生活？

【补充说明】

"颁奖典礼"是一项充满仪式感的戏剧治疗活动。通过角色扮演和颁奖的形式，成员们能够在团体的结束阶段深刻感受到他们的成长被认可和珍视。领导者应确保营造温馨、温暖的活动氛围，使每位成员都能够在仪式中感受到来自团体的强大支持。这个活动不仅为团体辅导画上了圆满的句号，也为每位成员的未来送上了积极的能量和祝福。

第六章　其他表达性艺术治疗团体辅导在学校领域的设计应用

一、书法治疗团体辅导在学校领域的设计应用

（一）书法治疗团体辅导简介

书法治疗是由我国心理学家高尚仁先生在 20 世纪 80 年代，经过长期的临床实践后提出的概念。与一般的书法练习不同，书法治疗不仅是一种艺术表达形式，更是一种通过书法艺术欣赏和书法练习活动，来实现心理疗愈的独特方法。通过书法治疗，个体可以在文化共鸣中调适情绪，享受书法创作带来的宁静与满足，从而达到心理复健和辅助医治疾病的效果。

作为表达性艺术治疗的一种形式，书法治疗并不强调个体的书法基础或技艺水平。书法治疗的核心在于过程本身，而非结果。通过让个体临摹名家作品或誊写经典文字，书法治疗能够帮助他们专注于当下，达到清心静虑、修身养性的效果。正是在这份专注中，个体可以逐渐释放内心的焦虑与压力，找到内在的平衡与安宁。

此外，书法治疗还包括对书法作品的欣赏过程。通过对作品内容的了解和探讨，个体能够陶冶情操、提升艺术审美，并在这一过程中激活认知功能，增强正性情绪。书法的每一笔画都承载着文化的沉淀与精神的寄托，

当个体融入书法世界时，他们不仅在练习书法，更是在与自己内心的对话中，逐步重建心理健康。

在临床应用中，书法治疗可以根据个体的具体需求，通过书法内容、字体选择、书写时间、书写情境等多种因素进行个性化干预。例如，针对焦虑情绪的个体，可能会选择流畅、舒展的字体和安排宁静的书写环境；而对于抑郁情绪的个体，则可能通过刚劲有力的字体和激励性文字来帮助他们重新获得力量和自信。

书法治疗不仅适用于个体心理咨询，在团体辅导中也展现了其独特的优势。团体辅导的书法治疗可以构建一个多人共同书写书法作品的场景，当团体成员共同投入书法练习时，整个团体的专注氛围会感染在场的每一位成员。此外，团体还提供了一个相互欣赏彼此作品、分享练习感受的平台，让成员们在艺术创作中感受到支持、信任与接纳。通过这种团体动力，书法治疗可以更好地推进团体目标，帮助成员在互动中建立更深的情感连接和社会支持网络。

在学校领域的应用中，书法治疗不仅有助于学生的心理调适与情感疏导，还能通过文化与艺术的融合，增强学生的文化认同感和自我价值感。书法治疗为学生提供了一个安全的表达途径，帮助他们在书写与欣赏中释放压力、培养专注力，并在团体中建立积极的人际关系，从而更好地适应校园生活，提升整体心理健康水平。

（二）书法治疗团体辅导在学校领域中的应用优势

书法治疗作为一种独特的表达性艺术治疗形式，在学校环境中展现出了诸多应用优势。这些优势不仅体现在对学生心理健康的促进上，还在文化教育、情绪管理和社会适应等方面发挥了积极作用。

1. 文化认同与自我价值感的提升

书法作为中华传统文化的重要组成部分，蕴含着丰富的文化内涵和哲学思想。在学校团体辅导中引入书法治疗，能够帮助学生通过书法练习和作品欣赏，深入了解和认同中国传统文化，从而增强文化自豪感和身份认同感。此外，学生在书法练习中获得的成就感，能够显著提升其自我价值感，进而在文化传承与个人成长中找到平衡与方向。

2. 情绪调适与压力管理的有效手段

学校生活中，学生常常面临学业压力、人际关系困扰等多重挑战。书法治疗通过其独特的艺术形式，为学生提供了一种有效的情绪调适与压力管理手段。在书法练习过程中，学生需要全神贯注于笔墨纸砚之间，通过一笔一画的书写来缓解内心的焦虑与不安。专注的书写过程可以帮助学生放松身心，缓解紧张情绪，使他们在面对学业和生活压力时，能够以更平和的心态应对。

3. 专注力与自律性的培养

书法治疗的核心在于专注和耐心，这正是现代学生在快节奏的时代背景下所需要的重要品质。通过在团体辅导中的书法练习，学生可以在反复的书写中培养专注力和自律性，提升注意力的集中度。随着练习的深入，学生能够更好地掌握时间管理技巧，并学会如何在繁重的学习任务中保持冷静与有序。长期的书法练习不仅能提升学生的书写技能，还能通过习惯的养成，帮助学生在学业和生活中取得更好的成绩。

4. 人际关系的改善与团队合作的增强

书法治疗在团体辅导中的应用，创造了一个让成员之间合作与交流的机会。在书法团体中，学生们不仅可以共同完成书法作品，还可以在相互欣赏和评价彼此的作品中建立起深厚的情感联系。通过书法练习，学生能够体验到集体创作的乐趣与满足感，这有助于改善人际关系，增强团队合作精神。团体中的相互支持与鼓励，使学生能够在集体中找到归属感和安全感，从而更好地适应校园生活，提升社会适应能力。

5. 艺术审美与创新能力的培养

书法不仅是一门技能，更是一种艺术表现形式。通过书法治疗，学生能够在欣赏与创作中提升艺术审美能力，感受传统艺术的美感与魅力。此外，书法创作过程中需要运用创造性思维来构思作品的布局、线条的表现等，这在无形中培养了学生的创新能力。书法治疗的艺术性不仅能帮助学生陶冶情操，还激发了学生的创造力，为未来的学习和生活开拓更多的可能性。

总之，书法治疗团体辅导在学校中的应用，凭借其对学生具有提升文化认同与自我价值感、情绪调适、专注力培养、人际关系改善和艺术审美提升等多重独特优势，成为促进学生全面发展的有力工具。它不仅为学生提供了一个舒缓压力、释放情感的平台，也为学校心理健康教育注入了传统文化与艺术的新元素，有助于构建更加和谐、健康的校园环境。

（三）书法治疗团体辅导在学校领域的设计应用思路简介

1. 书法治疗在团体辅导初创阶段的设计思路与应用

在书法治疗团体辅导的初创阶段，设计与应用的重点是帮助学生建立信任与安全感，同时引导他们逐步进入书法治疗的状态。在这个阶段，团体领导者可以通过设计与书法相关的破冰活动来打破学生之间的陌生感。例如，在相互认识的破冰环节，团体领导者可以让每位学生用书法写下自己的姓名，并通过相互展示这些书法作品，以汉字为载体，解读姓名及其背后的寓意。这种方式不仅增强了学生的自我认同感，还通过艺术形式加深了彼此之间的相互了解和认识，拉近了学生间的距离。

在此基础上，引导学生进入专注与放松的状态是初始阶段中十分重要的一环。书法治疗强调通过专注于书写来达到内心的宁静和放松，因此，团体领导者可以安排学生进行简单的书法练习，如临摹几句经典的诗词或格言。通过一笔一画的专注书写，学生们能够逐渐放松心情，进入专注的状态。在这个过程中，舒缓的背景音乐也可以作为辅助手段，帮助学生进一步放松，并将注意力集中在书法活动上，从而为接下来的深入探索奠定基础。

此外，初创阶段还需要设置清晰的团体规则与目标，这为团体活动的顺利开展奠定了基础。团体领导者可以通过书法的方式，与学生共同创作一幅"团体契约"，将团体的规则与目标以书法作品的形式呈现出来。每位学生都可以贡献自己的一笔、一字或一词，共同完成这幅作品。这一过程不仅帮助学生理解并认同团体规则，还能增强他们对团体的责任感与归属感。

为了让学生逐步进入情感表达的状态，团体领导者可以引导他们通过书写简单的情感词汇或短句来表达当下的心情或对团体的期待。随后，学生们可以分享他们的书写内容，并讨论这些内容背后的情感和想法。通过这种方式，学生能够在不需要过多言语的情况下进行情感表达，这为后续更深入的情感探索奠定了基础。

在这个阶段，团体领导者的支持与引导至关重要。团体领导者应以温和、支持性的态度引导活动，并注意观察每位学生的参与情况与情感反应。通过适时的鼓励与反馈，团体领导者可以帮助学生克服初期的紧张与不安，逐步融入团体活动中。此外，团体领导者还需要对活动的节奏与难度进行把控，确保所有学生都能跟上进度，并在书法练习中找到自信与乐趣。

通过这些精心设计的活动和引导，书法治疗团体辅导的初创阶段能够帮助学生逐渐建立信任与安全感，为后续的团体辅导奠定坚实的基础。

2. 书法治疗在团体辅导工作阶段的设计应用

在书法治疗团体辅导的工作阶段，团体心理辅导的实施是最关键的环节，团体的目标主要在这一阶段达成。书法治疗可以通过整合资源，设计一系列主题活动，通过书法练习和讨论等途径来实现心理调适与成长。

例如，在干预抑郁焦虑的团体辅导中，团体领导者可以选择中国古代文人描绘遭遇贬谪境遇下不同思想感情的诗词，让学生进行书法练习。这一活动旨在帮助学生通过书写和讨论，感受对贬谪一事的不同看法而表现出不同的情绪变化，从而体验观念的转变。对于表达失意的情绪，学生可以选择书写韩愈的《左迁至蓝关示侄孙湘》或柳宗元的《江雪》；对于表达豁达与乐观的情绪，则可以选择书写苏轼的《念奴娇·赤壁怀古》或《定风波》。在书法练习的过程中，学生通过静心感受作品的情感意境，进一步理解和学习古代诗词中所蕴含的智慧。这种体验比直接讲解理论更具说服力，将认知治疗的原理自然融入书法练习及团体讨论之中，使理论在实践中得到更深刻的理解与应用。

在自我认知的团体心理辅导实施阶段，团体领导者可以设计一个以"我接受"为主题的书法练习，鼓励学生书写若干个以"我接受"为开头的句子，通过这一过程，学生们将那些原本难以接纳的自我部分，例如外貌、个性、能力、情绪等，逐步以书写的方式显示出来，尝试达成内在的自我和解。学生可能会写下"我接受我的青春痘""我接受我的愤怒""我接受我的小自卑"等等。通过书法书写所带来的左右脑的同时启动、视觉上的冲击，以及在分享过程中的共情与互动，学生能够减少内在自我抗争的无效消耗，从而达到内在的自我接纳与和谐。

在提升自信的团体心理辅导实施阶段，团体领导者可以准备一系列中国古诗词中表现豁达胸怀、自信，以及催人奋发向上的励志句子，供团体学生选择和书写。完成书法练习后，学生们展示自己的作品，并分享自己选择这句话的原因及创作过程中的感受。例如，有的学生可能会选择李白的"天生我材必有用，千金散尽还复来"，有的学生可能会选择陆游的"山重水复疑无路，柳暗花明又一村"，还有的学生可能会选择刘禹锡的"沉舟侧畔千帆过，病树前头万木春"。在这些具有强烈精神感染力的诗句被书写和讨论的过程中，团体内部将自然形成了一种正性情绪的凝聚力，学生们彼此相互感染、支持与鼓励，进一步提升自我认同感和内在斗志，推动团体目标的实现。

此外，书法治疗在工作阶段还可以通过反思与分享来深化学生的自我认知。在每次书法创作完成后，团体领导者可以邀请学生分享他们的创作过程与感受，并鼓励其他学生提供反馈。通过这样的分享与讨论，学生能够从不同的视角理解自己的书法作品，并在相互的反馈中获得新的启示与支持。这一过程不仅促进了学生之间的情感交流，还帮助他们在团体中进一步探索自己的内心世界。

工作阶段的书法治疗活动还可以结合冥想与正念练习，帮助学生在书法创作前进行心理准备。团体领导者可以引导学生进行简短的冥想或正念练习，让他们在安静、平和的状态下开始书法创作。这种结合有助于学生在创作过程中更加专注，深度体验书法艺术的治愈效果，并在书写的过程中实现内心的平衡与宁静。

在整个工作阶段，团体领导者应持续关注学生的情感变化和心理状态，适时调整活动内容与节奏，确保每位学生都能在书法治疗中获得积极的体验和成长。通过这些精心设计的书法治疗活动，工作阶段将成为学生深入探索自我、表达情感并与他人建立深厚联系的重要过程，为团体辅导的整体目标提供有力支持。

3. 书法治疗在团体辅导结束阶段的设计应用

在书法治疗团体辅导的结束阶段，团体的目标逐渐实现，学生们的心理和情感发展也达到了一个新的高度。在此阶段，设计与应用的核心在于帮助学生反思和总结他们在整个团体辅导过程中的成长与收获，并为未来的个人发展提供支持。

首先，团体前期的书法作品可以作为回顾团体辅导历程的最佳素材。团体领导者可以引导学生对之前完成的书法作品进行回顾，学生可以分享在这些活动中印象深刻的回忆、收获以及心得体会。通过这种回顾，学生们能够在视觉和心理上将团体辅导的成果具象化，进一步巩固他们的情感体验与心理成长。

其次，在结束团体活动之前，团体领导者可以引导学生通过书法练习写下相互赠别的句子。这种练习不仅能够表达学生彼此之间的美好祝福，还能让学生们感受到来自团体的支持与温暖。通过书法作品的相互馈赠，学生们在书法中体验到一种仪式感，这不仅标志着团体辅导的圆满结束，还为每位学生留下了一份珍贵的纪念品。这些书法作品在日后能够激发学生对团体心理辅导活动的回忆，增强他们对团体辅导经历的内在认同感和情感连接。

最后，为了让结束活动更具仪式感，团体领导者可以组织一次集中展示，将学生们在整个团体辅导过程中创作的书法作品一一呈现，作为对团体旅程的总结。通过这种展示，学生们不仅可以看到自己和他人的成长与进步，还能在彼此的书法作品中找到情感上的共鸣。这种集体回顾活动有助于增强学生的归属感与成就感，为团体辅导的结束奠定温馨、和谐的基调。

在书法治疗贯穿整个团体心理辅导活动的过程中，团体领导者应始终关注学生的情感变化，及时给予支持与反馈。从以书法练习书写姓名作为开始，到以书法练习书写赠别留言作为结束，书法治疗以其独特的艺术形式贯穿始终，不仅达到了活动的目标，更在温暖、和谐的氛围中促进了学生的成长。团体心理辅导中的巩固阶段通过书法治疗巩固了团体辅导的成果，回顾了团体历程，并帮助学生做好了团体辅导结束后分别的心理准备，从而圆满地结束了整个活动。

二、沙盘游戏团体辅导在学校领域的设计应用

（一）沙盘游戏团体辅导简介

沙盘游戏治疗（sandplay therapy）是一种以荣格心理学原理为基础，由多拉·卡尔夫发展创立的心理治疗方法。沙盘游戏是运用意象(积极想象)进行治疗的创造形式，"一种对身心生命能量的集中提炼"（荣格）。其特点是在医患关系和沙盘的"自由与保护的空间"（卡尔夫）中，把沙子、水和沙具运用于意象的创建。沙盘中所表现的系列沙盘意象，营造出沙盘游戏者心灵深处意识和无意识之间的持续性对话，以及由此而激发的治愈过程和人格及心灵与自性的发展。

沙盘游戏团体辅导是一种在团体领导者陪同下，多个参与者在团体情境中进行的心理辅导形式。通过沙盘游戏中的人际交互作用及呈现的画面，促使成员在团体活动中观察、学习、体验，进而认识自我、探索自我，并调整与他人的关系。这一过程不仅促进了个体在团体中的协作与支持，还强调了身心的同步参与和象征性表达。在沙盘游戏中，参与者通过身体的动作与手的触摸来表达感受和想法，身体的参与是这一疗法的核心部分。

沙盘游戏中的每一个动作和选择，都代表着内在的情感与心理状态，通过象征性表达，让参与者在无意识中投射出他们的心理冲突，从而实现自我治愈与成长。

随着心理健康教育的日益普及，越来越多的学校设立了专门的沙盘游戏辅导室，为学生提供一个安全、自由的表达空间。沙盘游戏团体辅导作为一种适合学生群体的心理辅导形式，具有独特的优势。首先，沙盘游戏提供了一个非语言的表达途径，尤其适合那些不善于用语言表达自己情感的学生；其次，团体沙盘游戏通过集体参与的方式，增强了学生之间的互动和沟通，促进了同伴之间的理解与支持。通过沙盘游戏，学生能够在象征性的场景中自由表达自己的情感与内心世界，从而有效缓解心理压力，提升自我认知与情感调节能力。因此，沙盘游戏团体辅导在学校领域具有广泛的应用价值，是促进学生心理健康的重要手段。

（二）沙盘游戏团体辅导在学校领域中的应用优势

1. 身心结合的表达方式

沙盘游戏团体辅导的独特之处在于它强调身心的同步参与，尤其是在学校环境中，这一点显得尤为重要。学生在参与沙盘游戏时，不仅仅是用语言表达自己，更通过身体的参与，如手的触摸和动作，通过对沙具和沙子的摆弄来将内在的情感、记忆和心理状态表达出来。这种结合了身体感知和心理投射的方式，可以帮助学生在不经意间释放压力、探索自我，进而促进其心理健康发展。特别是对那些不善言辞或语言表达能力有限的学生，这种通过非语言形式表达内心的方式，能够更好地引导他们进行自我探索和情感宣泄，从而提高自我认知和情感管理能力。

2. 创造性和象征性表达的自由

沙盘游戏提供了一个自由且安全的空间，学生可以在这个空间中随心所欲地进行创作和表达。沙盘中的每一件沙具、每一个动作，都具有象征性，代表着参与者的内心世界。学生在摆放沙具时，可以毫无顾虑地将自己内心的冲突、愿望和困惑通过象征性方式表现出来。学校环境中，学生经常面临学业压力和人际关系的挑战，通过这种象征性表达，他们能够以一种更深层次的方式理解和处理这些问题。而且，沙盘游戏中的自由创作还鼓励学生发挥他们的创造力和想象力，这对于促进学生的心理弹性和创新思维能力也有很大帮助。

3. 促进学生人际关系的发展

沙盘游戏团体辅导为学生提供了一个互动和协作的平台。在团体沙盘游戏中，学生需要共同完成沙盘的构建，这一过程本身就是一种人际互动和合作的练习。通过在团体中合作摆放沙具，学生不仅能够尽情表达自己，还能观察和理解他人的想法与感受。在这种互动中，学生能学会如何在团队中合作、如何与他人分享资源以及如何解决冲突，这对他们未来的社会交往能力和团队合作精神的发展具有重要意义。不仅如此，在学校这个充满竞争和压力的环境中，沙盘游戏更是为学生提供了一个缓冲和调整人际关系的空间，使他们在互动中获得更多的理解与支持。

4. 提升情绪调节与自我反思能力

通过沙盘游戏，学生能够在一个无压力的环境中探索和表达自己的情感，从而提高他们的情绪调节能力。沙盘游戏的非语言表达方式，能够帮助学生将平时难以言说的负面情绪如焦虑、愤怒或悲伤表现出来，并在团体讨论中进行反思和整合。这种过程不仅有助于学生释放情绪，还能通过其他成员的反馈和支持，帮助他们更加客观地看待自己的情感体验，并逐步形成健康的情绪应对机制。此外，沙盘游戏中的象征性表达还能促进学生的自我反思，使他们更好地理解自身的心理状态，从而在未来的学习和生活中更加从容地应对各种挑战。

（三）沙盘游戏团体辅导在学校领域的设计应用思路简介

1. 沙盘游戏团体辅导初创阶段的设计思路与应用

在沙盘游戏团体辅导的初创阶段，设计与应用的核心在于为学生创造一个安全且有秩序的环境，使他们能够在遵循规则的前提下，自由地表达内心的情感和意象。通常情况下，这一阶段的沙盘游戏会设置固定的轮回数，通常为五轮或六轮。在每一轮中，每位学生可以按照规定的顺序选择一定数量的沙具进行摆放。一旦沙具被带入沙盘，就不能再取出，同时，在摆放过程中，学生之间不允许进行语言交流。通过这些规则的设定，团体领导者帮助学生集中注意力，使他们更加专注于自己的内心世界，并借助沙具来表达复杂的情感和潜在的心理状态。活动开始前，团体领导者会详细解释这些规则，确保所有学生都能理解并遵守，从而为整个活动奠定一个有序的基调。

初创阶段的沙盘游戏辅导设计鼓励学生在没有预设主题的情况下自由摆放沙具，此举不仅让学生有机会探索内心的深层次感受，也为他们提供了一个试探性体验的机会。学生们在这种自由而非限制的环境中，可以更加开放地接触到自己的潜意识，逐渐将内在的情感和思想通过沙具进行外化表达。这样的过程不仅帮助学生熟悉沙盘游戏的形式，也为后续的深度心理探索打下了坚实的基础。学生在自由摆放过程中，无须拘泥于特定的主题或意义，反而可以更自然地表达当下的情绪和内心状态，这对初次接触沙盘游戏的学生来说尤为重要。

在每一轮沙盘摆放结束后，团体领导者会引导学生进行语言交流，这一阶段的交流重点在于反思和分享。学生们会被鼓励讨论自己选择沙具的动机以及在摆放过程中所感受到的情绪反应。同时，团体领导者还会引导学生分享他们对沙盘整体呈现的感受，通过这种方式，学生能够更好地理解自己的内心世界，并通过他人的反馈加深对自我的认识。这种交流不仅仅是对摆放过程的简单回顾，更是一次深度的情感探索与表达，帮助学生在彼此的互动中建立更深的情感连接，增强团体的凝聚力。在全部沙具摆放完毕并进行集体分享时，团体领导者还会引导学生们通过集体讨论和商议的方式，对沙盘作品的整体主题和命名进行探讨和确定。这一过程不仅帮助学生们对整个沙盘的象征意义有更深入的理解，同时也促进了学生之间达成共识与合作关系。在共同讨论主题和命名的过程中，学生可以进一步表达自己对沙盘作品的看法，分享自己在创作过程中的内心感受，以及对他人创作意图的理解和共鸣。通过非语言的团体沙盘游戏及拉近彼此心理距离的语言交流，使每位学生在共同的创造和讨论中找到归属感，并为接下来的团体辅导奠定更加牢固的基础。

初创阶段的设计与应用在整个沙盘游戏团体辅导过程中具有重要意义，它不仅帮助学生建立对团体和沙盘游戏形式的信任感，还为后续更深入的心理探索创造了一个安全且富有支持性的环境。通过自由的表达和有引导的交流，学生们逐渐放松下来，更加愿意分享自己的内心世界。这一阶段的成功实施为学生更深入的自我探索和情感交流奠定坚实的基础，是整个沙盘游戏团体辅导得以顺利进行的重要一环。

2. 沙盘游戏团体辅导工作阶段的设计思路与应用

在沙盘游戏团体辅导的工作阶段，设计与应用的核心在于通过有规则的结构式沙盘来引导学生深入探索与团体辅导主题相关的内容。此阶段的沙盘游戏通常围绕团体领导者给予的命题展开，这些命题与团体辅导的整体目标紧密相关，符合学校学生的心理发展特点，旨在激发学生的积极参与性，并通过沙盘的创作过程呈现出潜在的冲突与张力。这种设计不仅有助于揭示学生在团体中的心理状态和互动模式，还为他们提供了一个在安全环境中体验和处理冲突的机会，从而促进个人的突破与成长。

在这个阶段，团体领导者的任务尤为关键。团体领导者不仅要确保团体沙盘游戏过程的顺利进行，还需在整个过程中保持敏锐的观察力，关注学生在沙盘中的行为表现和关系动态。团体领导者需要记录学生在沙盘中摆放沙具的顺序、类别和数量，这些细节可以在一定程度上揭示学生的心理状态、个性特征和参与态度。此外，领导者还需留意学生选择沙具类别的特点，分析这些选择背后的动机，并观察学生之间的关系模式，特别是在摆放沙具时学生之间的互动情况。通过这些观察，团体领导者能够更好地理解每位学生在团体中的角色和他们在此时此地的心理状态。

在沙盘游戏的过程中，团体领导者还会通过引导性的提问和适时的评论，促使学生们对自己的行为和情绪进行反思。这种自我反省的循环过程能够帮助学生更加清晰地认识到自己在团体中的表现和心态，并通过这种认识逐步调整和改进自己的人际互动模式。此外，领导者的评论也能够激发学生更深入地投入到此时此地的情境中，充分体验沙盘游戏带来的心理效应。

在学校情境中，工作阶段的最终目标是在学校环境中，通过有规则的命题沙盘，使学生能够在探索和处理心理冲突的过程中获得新的洞见和成长。在安全、支持性的校园团体中，学生可以自由地表达自己在学业、社交和校园生活中的困扰，并在团体的支持下逐步化解这些困扰，最终实现个人的心理成长和发展。这一阶段的成功实施，不仅为学生提供了一个深层次的心理体验平台，还为他们更好地应对未来的挑战提供了宝贵的指导和支持。

3. 沙盘游戏团体辅导结束阶段的设计思路与应用

在沙盘游戏团体辅导的结束阶段，设计与应用的重点在于通过无规则的沙盘游戏团体辅导，让学生们围绕之前共同商定的主题进行创作和表达。这一阶段的核心在于总结和巩固整个团体辅导过程中所取得的成果，同时为学生们提供一个自由且富有创意的表达空间，让他们能够在放松的氛围中反思和深化之前的体验。

在这个阶段，学生们将不再受到严格规则的限制，而是可以更加自由地选择和摆放沙具，围绕之前共同商定的主题进行创作。这种无规则的形式允许学生将整个团体辅导过程中积累的感悟和经验通过沙盘表达出来，进一步增强他们对主题的理解和认同。同时，这种自由的创作方式也为学生提供了一个自我表达和情感释放的机会，有助于他们在团体辅导结束前充分整理和表达内心的感受。

在完成无规则的沙盘创作后，团体领导者将引导学生回顾整个沙盘游戏团体辅导的历程。这一历程可以通过文字、照片等记录的方式进行，帮助学生重温各个阶段的体验和收获。通过这种回顾，学生能够清晰地看到自己和整个团体在辅导过程中发生的变化和表现，从而对整个辅导过程有一个更加完整的认识。

总结阶段的另一个重要环节是对学生之间关系的变化和团体发展的总结。团体领导者可以引导学生反思在整个沙盘游戏过程中，个人与团体之间的互动如何演变，成员在团体中的角色如何发展，彼此之间的信任和合作如何加强。这些总结不仅帮助学生巩固他们在团体辅导中学到的经验和技巧，还为他们在未来的生活中应用这些经验提供了一个参考框架。

在学校情境中，这一结束阶段尤为重要，因为它能帮助学生将沙盘游戏中的习得的内容与他们的实际校园生活相结合。通过总结和反思，学生能够更好地理解自己在团体辅导中的表现和变化，并将这些收获带回到日常的学校生活中，促进自己在学业和社交方面的进一步发展。整个结束阶段的设计和实施，旨在确保每位学生都能够带着积极的心态和新的洞见离开团体，为他们在未来的学习和生活中继续成长和发展提供支持。

三、园艺团体辅导在学校领域的设计应用

（一）园艺治疗团体辅导简介

园艺治疗团体辅导（group horticultural therapy）是一种通过植物栽培、园艺活动等与自然的互动，促进团体成员心理健康提升和社会功能改善的心理干预技术。它以自然环境中的植物作为媒介，通过一系列有计划的园艺活动，帮助团体成员提升情绪调节能力、改善人际关系、增强自我效能感等。园艺治疗因其独特的自然元素和多感官参与的特点，在学校领域中应用广泛，尤其适合青少年群体。

在学校环境中，园艺治疗团体辅导不仅可以缓解学生的学业压力，还能改善学生的社交能力和自我认知。通过与植物的互动，学生可以在一个相对放松的环境中进行自我探索和情感表达。园艺活动中的播种、培育和收获等过程，不仅象征着成长和改变，也帮助学生在体验中获得

成就感和责任感。

园艺治疗团体辅导的活动设计通常包括植物种植、花艺设计、园艺手工制作等。通过这些活动，学生可以学习到团队合作的重要性，同时也能培养耐心和观察力。在团体辅导的过程中，园艺治疗结合了团体动力学的原理，通过团体成员之间的互动和支持，帮助学生更好地理解自己和他人，并在实际的园艺活动中实践这些理解。

在团体领导者的指导下，学生们可以在园艺活动中分享彼此的感受和经验，从而增进团体的凝聚力和成员间的信任。园艺治疗团体辅导不仅是一种心理干预手段，更是一种促进学生全面发展的教育工具，它通过自然的力量和集体的互动，帮助学生在学校环境中更好地应对生活中的挑战，实现心理与社交功能的全面发展。

（二）园艺治疗团体辅导在学校领域中的应用优势

1. 缓解压力与情绪调节

园艺治疗通过与自然的直接互动，为学生提供了一个不同于传统课堂的放松环境。接触植物、泥土和阳光等自然元素，有助于学生减轻学业压力和青春期情绪波动。自然环境中的多感官体验能够有效地改善情绪，减少焦虑和抑郁症状，使学生在园艺活动中获得身心的舒缓与平衡。此外，园艺活动中持续照料植物的过程能够让学生体验到慢节奏的放松感，有助于缓解他们在快节奏的学业压力下积累的紧张情绪。这种与自然和谐互动的体验，还能培养学生对环境的关爱意识，进一步提升他们的情绪稳定性。

2. 动手实践与体验式学习

园艺治疗强调通过实际操作来学习，特别适合处于发展阶段的青少年。学生通过参与播种、栽培、修剪等园艺活动，来培养动手能力和观察力，同时学习植物生长的规律和生命循环。这种体验式学习方式能够增强学生的责任感和成就感，提升他们的自信心和自我效能感。此外，园艺活动中的失败与成功经验让学生能够在面对挫折时更具韧性，逐步培养解决问题的能力和创新思维。这种动手实践的过程，也为学生未来的职业选择提供了宝贵的技能和经验。

3. 促进团队合作与人际关系发展

园艺治疗团体辅导提供了一个互动与合作的平台。学生在园艺活动中需要分工合作，共同完成种植、设计和维护等任务。这种合作不仅培养了学生的团队精神和协作能力，还增强了团体成员之间的凝聚力。在这种合作过程中，学生还会学习如何有效沟通和解决问题，这些能力对其未来的职业生涯和社交生活来说都是非常宝贵的。园艺活动中的团队合作也为学生提供了一个在轻松、非竞争性的环境中建立友谊的机会，减少了因学业竞争带来的社交压力，促进了更加健康的同伴关系。

4. 非语言的自我表达与情感调节

园艺治疗为学生提供了通过园艺作品进行自我表达的途径。设计花坛、选择植物和创作园艺作品的过程，既是自我表达的过程，也是情感梳理和心理调节的过程。这种非语言的表达形式特别适合那些难以通过语言来表达情感的学生，帮助他们在自然与艺术的结合中找到心理平衡。通过园艺创作，学生可以将内心的复杂情感和困扰具象化，有助于情感的释放和心理的疏导。同时，这种创作过程还能增强学生的自我认同感和个人价值感，因为他们可以看到自己的作品，感受到自身努力的成果和意义。

5. 高度的可操作性与灵活性

园艺治疗团体辅导在学校环境中具有很高的可操作性。学校可以利用现有的空地、花园或室内空间开展园艺活动，几乎不受场地限制。同时，园艺活动的设计可以根据学生的年龄、兴趣和心理需求进行灵活调整，确保活动的可参与性和有效性。无论是大型的校园花园项目还是小规模的室内植物护理活动，园艺治疗都能灵活适应，成为学校心理健康教育的重要组成部分。园艺治疗还可以融入学校的课程体系中，例如科学课、艺术课或环境教育课程，使学生在获取学科知识的同时，也能体验到心理上的支持和疗愈。此外，园艺治疗还为教师和学校管理人员提供了丰富的资源和手段，以应对学生群体多样化的心理需求。

（三）园艺治疗团体辅导在学校领域的设计应用思路简介

1. 园艺治疗团体辅导初创阶段的设计思路与应用

在园艺治疗团体辅导的初创阶段，设计与应用的关键在于为学生创造一个安全、舒适的环境，使他们能够逐步接受园艺活动，并建立对团体的信任感。这个阶段的主要目标是帮助学生熟悉园艺活动的基本流程和规则，同时引导他们通过与自然的接触，逐渐放松身心，缓解紧张情绪。

首先，团体领导者应通过简单的园艺活动引导学生进入团体辅导的氛围，例如种植简单的植物或整理小型花坛。这些活动不需要复杂的技巧，却能够让学生在轻松的环境中开始动手操作，体验与植物互动的乐趣。通过这些初步的活动，学生可以逐步了解园艺治疗的基本概念，培养对园艺活动的兴趣，并感受到与自然互动所带来的宁静与满足感。

在这个阶段，团体领导者的任务是帮助学生建立对团体和园艺活动的信任感和参与感。领导者可以通过鼓励学生之间的互动和合作来增强团体的凝聚力，逐步消除学生的紧张和不安。为了达到这个目的，领导者可以设计一些简单的团队任务，例如让学生们共同完成一个小型的种植项目，或者一起布置一个小花园。通过这些集体活动，学生不仅能够感受到团队合作的力量；还可以在轻松的氛围中逐渐建立起彼此之间的信任和友情。

此外，初创阶段的设计还应考虑到学生的不同需求和能力水平。对于一些对园艺活动陌生或对自然环境感到不适的学生，团体领导者应特别关注他们的情绪反应，并给予适当的引导和支持。通过循序渐进地引导学生参与园艺活动，领导者可以帮助他们克服初期的抗拒或不适，逐步融入团体活动中来。

初创阶段的结束标志着学生已经熟悉了园艺活动的基本操作，并且对团体有了一定的认同感和归属感。此时，学生应做好继续深入参与园艺治疗活动的心理准备，从而为后续阶段的更深入探索和自我成长打下良好的基础。

2. 园艺治疗团体辅导工作阶段的设计思路与应用

在园艺治疗团体辅导的工作阶段，设计与应用的核心在于通过更加深入和有针对性的园艺活动，帮助学生进一步探索自己的内心世界，并通过团队合作和个人实践，促进情感的表达与心理成长。这一阶段的主要目标是让学生在园艺活动中面对挑战、解决问题，从而获得心理上的突破与发展。

首先，团体领导者应根据学生在初创阶段的表现和反馈，设计一些更加复杂和具有挑战性的园艺任务。这些任务可以包括种植较为复杂的植物，设计和维护更大规模的花坛，或进行长期的植物护理项目。这些活动不仅需要学生们投入更多的时间和精力，还要求他们在过程中运用批判性思维和解决问题的能力。例如，学生可能需要应对植物生长过程中出现的病虫害问题，或者处理不同植物之间的搭配与布局。在这些过程中，学生将学会如何应对挫折和挑战，并在团体的支持下逐步建立自信心和解决问题的能力。

其次，在这一阶段，团队合作和集体讨论的作用尤为重要。团体领导者应积极引导学生在园艺活动中进行合作，并鼓励他们在遇到困难时互相帮助和支持。通过分工合作，学生可以在团体中找到自己的角色，并为共同目标贡献力量。这种合作不仅增强了团体凝聚力，还帮助学生们学会如何在合作中尊重他人的意见，协调不同的观点，从而提升他们的社交技能和情商。

再次，工作阶段也是学生情感表达和心理探索的重要时期。团体领导者可以设计一些活动，让学生通过园艺作品表达内心的感受和情感。例如，学生可以通过设计花坛来表达自己对某一主题的理解，或通过选择和摆放植物来展现自己的情感状态。在这些活动中，领导者应鼓励学生分享自己的创作意图和情感体验，并通过讨论和反馈帮助学生进一步理解自己的内心世界。

最后，工作阶段的设计还应考虑到个体差异，确保每位学生都能在团体中找到适合自己的角色和活动。例如，对于那些更喜欢独立工作的学生，领导者可以安排一些需要独立思考和操作的园艺任务；而对于那些更倾向于集体活动的学生，则可以安排给他们更多需要团队合作的项目。通过这种个性化的设计，团体领导者能够更好地满足学生的不同需求，使他们在园艺活动中获得最大的成长与收获。

总体而言，园艺治疗团体辅导的工作阶段旨在通过深入的园艺实践活动，帮助学生提升自我效能感，增强团队合作意识，并在挑战和实践中实现个人的心理成长。这一阶段的成功实施，能为学生们在园艺治疗的最后阶段进行总结和反思奠定坚实的基础。

3. 园艺治疗团体辅导结束阶段的设计思路与应用

在园艺治疗团体辅导的结束阶段，设计与应用的重点在于帮助学生回顾和总结整个园艺治疗过程中的经验和收获，同时为他们提供一个表达感受和巩固成果的机会。这个阶段的主要目标是通过反思和分享，让学生更好地理解和内化他们在团体辅导中所获得的成长，并为他们今后的心理健康发展奠定基础。

首先，团体领导者应引导学生回顾整个园艺治疗团体辅导的历程。这可以通过多种方式进行，比如通过回顾之前的园艺作品、观看活动过程中的照片或视频，或者通过讨论和交流的形式，让学生分享自己在每个阶段的体验和感受。这个回顾过程不仅有助于学生重新认识自己的成长轨迹，还能增强他们对团体辅导的整体理解，从而更深刻地体会到园艺治疗对他们心理健康的积极影响。

其次，在这个阶段，团体领导者还可以安排一些总结性的园艺活动，让学生通过实践来表达他们的反思和感悟。例如，学生可以共同完成一个象征团体成果的园艺作品，或者独立设计一个代表自己在团体中的收获和成长的植物展示。这些活动不仅帮助学生巩固他们的学习成果，还为他们提供了一个在离开团体前表达自己感受和感激之情的机会。

再次，情感的表达与分享是结束阶段的另一重要环节。团体领导者应鼓励学生在这个阶段开放地表达他们的情感，包括对团体的依恋、对同伴的感谢、以及对未来的期待。通过这种情感的表达和交流，学生们可以在团体中建立更深的情感连接，增强彼此之间的信任和支持。此外，领导者也应在这个阶段为学生提供必要的情感支持，帮助他们处理对即将结束的团体辅导的复杂情感，并为他们离开团体后的独立生活做好心理准备。

最后，结束阶段还应包括对未来的展望和鼓励。团体领导者可以与学生一起讨论如何将园艺治疗中学到的技能和经验应用到他们的日常生活和未来的发展中去。例如，学生们可以制定一些个人的园艺计划，或者讨论如何在未来的学习和生活中继续保持与自然的联系，运用园艺活动来调节情绪和应对压力。通过这种展望，学生可以更加积极和自信地面对未来的挑战，并带着从园艺治疗中获得的力量和智慧继续前行。

总体而言，园艺治疗团体辅导的结束阶段旨在通过回顾、总结和展望，帮助学生巩固在团体中的心理成长，并为他们在未来的生活中持续发展心理健康奠定坚实的基础。这一阶段的成功实施不仅标志着团体辅导的圆满结束，也为学生提供了一个重要的心理过渡期，使他们能够带着新的自我认识和应对策略走向未来。

附录1 音乐治疗团体辅导对大学生社交焦虑的干预研究

一、问题的提出

社交焦虑是我国大学生常见的心理问题之一。国内学者刘波2016年对暨南大学597名大学生采用随机抽样发放交往焦虑量表（IAS）调查的数据显示，大学生社交焦虑的得分（42.5±7.18）明显高于彭纯子等学者2004年调查的国内大学生常模数据[1]。学者王莉在2016年至2017年期间对杭州地区三所高校的大学生进行随机抽样发放交往焦虑量表（IAS）调查的数据显示，IAS平均得分为（42.3±9.2）分，同样高于国内大学生常模数据，且中高分组的大学生比例高达37.51%[2]。如何对大学生的社交焦虑进行有效的干预，成为亟须教育工作者进一步探索与实践的课题。

音乐治疗作为心理咨询与治疗中一种较新颖的干预方法，利用音乐体验的多种形式对当事人进行有目的、有计划的干预，对改善当事人的情绪状态有着独特的优势。目前被广泛应用并被证实效果的音乐治疗形式分为三大类型：第一，支持性的音乐治疗，大多是在集体中共同完成的一种体验性、安抚性的音乐治疗，不需要进行分析，重点是提供安全、支持的氛围，如听音乐放松、想象等活动；第二，认知行为性的音乐治疗，在此过程中需要对被试进行分析，通过互动去探索其在认知及行为方面存在的问题，包括冥想、自由联想等活动；第三，心理分析和体验性的音乐治疗，需要通过各种形式的活动去探索被试的潜意识，去验证，去分析，如反思体验等方式。音乐治疗的理论基础也被大量研究者证明，音乐对于人的干预主要从生理、心理及社会方面起疗效。生理上，音乐的声波可以通过听觉系统传到人体，通过刺激中枢神经系统从而分泌有效激素，产生很多生理变化，如呼吸平缓、皮肤温度增加、血压降低、肾上腺素降低，能够有效调整机体和谐；心理上，人们在听音乐的过程中，可以随着音符放松自己，跟着歌词进入想象，能够有效调节消极情绪，缓解焦虑；社交上，音乐可以改变人的人格，还可以"以音会友"，通过音乐进行交流，促进人际交往，提升自己的情绪。

黄海量等学者对国内研究中关于团体辅导干预大学生社交焦虑的文献数据进行的 Mate 分析显示，团体心理辅导对大学生社交焦虑具有较好的干预效果，可有效降低社交焦虑水平，提高个体自尊水平，减少社交回避行为，提高大学生社会交往能力[3]。

本研究基于音乐治疗与团体心理辅导的理论，尝试将音乐治疗与团体辅导进行结合，采用认知行为性的音乐治疗方式，对大学生的社交焦虑进行干预，探讨其干预效果。

二、研究方法

（一）研究对象

本研究通过对北京师范大学珠海分校全体大学生进行团体招募，被试自愿报名参加。选取焦虑自评量表、交往焦虑量表（IAS）对志愿者进行测试，根据测试得分及观察筛选出 14 名中高分社交焦虑的大学生，随机分为对照组和实验组，每组各 7 名学生。对实验组进行音乐治疗团体干预，对照组不进行任何干预（承诺下学期可参加团体辅导活动）。

（二）研究工具

1. 焦虑自评量表（SAS）

本研究以 Zung 等编制的焦虑自评量表（SAS）进行研究，共包含有 20 个条目，问卷采用 4 级评分，分"从不－偶尔－经常－几乎总是"四个等级，分别计 1 ~ 4 分。总得分为各个条目分数之和，得分越高，焦虑水平越严重。根据中国的标准，将抑郁分为轻度、中度及重度三个等级，对应分值为 50 ~ 59、60 ~ 69 及超过 70 分。

2. 交往焦虑量表（IAS）

本研究以 Leary 等编制的交往焦虑量表（IAS）进行研究，共包含有 15 个条目，问卷采用了 1 ~ 5 级评分，"一点不符合"计为 1，"极其符合"计为 5，其中有 4 道为反向计分。总分越高者，其社交焦虑程度越高，大学生的常模分数为 38.9，标准差为 9.7。

（三）研究过程

1. 基线期

在实验开始前，研究者通过线下招募团体被试，对被试进行访谈，并利用抑郁自评量表（SDS）、焦虑自评量表（SAS）及交往焦虑量表（IAS）进行测查，筛选被试，并记录被试干预前情绪表现。

2. 介入期

在介入期进行音乐团体治疗干预，干预的目标是通过音乐治疗的方法，对成员的不良情绪，如焦虑、抑郁以及对成员社交焦虑等方面进行调节。对被试进行固定主题的音乐治疗，在干预前，计划好每次音乐团体治疗的活动内容，并与团体领导人协商清楚。

本研究采取认知行为性的音乐治疗，目的是对大学生的消极认知起到改善的作用，具体活动与音乐相关，并对情绪调节起着一定作用，如大合唱、乐器演奏猜情绪、合唱分享、听音乐想象以及冥想，同时以舞动、绘画作为音乐的辅助手段进行活动安排，具有一定的趣味性，又对情绪的感知和表达有一定效果。活动内容与活动目标如表 1 所示。

表 1　音乐治疗团体辅导活动主题及活动

活动名称	活动内容	活动目标
第一次活动	1. 签订知情同意书； 2. 小组建立团体规则； 3. 自我介绍； 4. 歌曲填词演唱"我就是我，是颜色不一样的烟火"	1. 在带领者和团体成员之间建立安全、信任的关系； 2. 成员之间相互了解、相互熟悉，建立一个真诚、团结的团队； 3. 制定团体规则、增强团队的凝聚力； 4. 明确自己在团体中的目标，对自己进行一个初步的了解和探索； 5. 学会把关注点和注意力放在自己的身上
第二次活动	1. 热身活动：歌唱"现在"； 2. 乐器合作演奏，感受成员情绪； 3. 合唱"过去"，分享此刻的情绪	1. 让成员初步感受音乐，在团体中学会表达和释放自己； 2. 练习放松，把注意力集中在自己身上； 3. 尝试用音乐演奏的方式去表达抽象的情绪； 4. 学会倾听其他人的情绪并且给予回应； 5. 增强团队的凝聚力和合作
第三次活动	1. 欣赏音乐《pure heart》（松田彬人），学习冥想； 2. 音乐欣赏《春江花月夜》，自由想象，小组分享	1. 学会放松，把注意力都集中在自己身上； 2. 通过音乐进行思绪的放飞以及自由的想象，将自己的情绪适当地表达出来； 3. 练习关注此时此刻的心情体验
第四次活动	1. 合唱歌曲《夜空中最亮的星》，小组分享过去自己最有勇气和力量的经历； 2. 欣赏不同风格音乐，由成员选择自己喜欢的音乐形式，通过绘画表达情绪，相互分享	1. 学会适当分享自己不同的情绪； 2. 感受情绪的多样性； 3. 了解人与人之间面对同样事物时的不同情绪体验和感受，学会接受差异，理解信息传递中的偏差，更加开放地去看待问题

续表

活动名称	活动内容	活动目标
第五次活动	1. 跟着音乐，想象自己是动物，做出相应的动作，关注自己的动作和神态； 2. 成员模拟想象的动作发出吼叫、做出动作； 3. 全员活动起来，享受自己的情绪； 4. 收回能量，关注呼吸，关注自己的感受	1. 学会关注自己，合理地释放能量； 2. 学会觉察，感受他人情绪给自己带来的影响； 3. 学会对自己的情绪进行控制和调整，感受平静； 4. 放松练习，将关注点放在自己身上
第六次活动	1. 总结是否达到期望； 2. 互送祝福； 3. 合唱《稻香》《那些你很冒险的梦》，结束团体辅导	1. 回顾前 5 次的活动内容，感受每一次活动中的不同情绪体验； 2. 使团体成员肯定自己每一个阶段的变化，肯定自我的努力； 3. 处理离别情绪，结束团体辅导

3. 维持期

维持期停止干预活动，主要任务是观察和记录实验组、对照组的情绪表现。对被试进行了一周的观察，并再次用焦虑自评量表（SAS）及交往焦虑量表（IAS）对被试的情绪表现进行评量。

（四）数据处理

使用 SPSS 21.0 统计软件进行数据分析与处理，统计方法为配对样本 t 检验方法。

三、结果分析

（一）干预效果分析

对实验组及对照组的焦虑自评量表的前测及后测的差异性检验结果见表 2，从数据可知，实验组被试干预后焦虑得分比干预前有所降低（t=2.833，

$p < 0.05$），且结果显著，对照组被试焦虑水平有所降低，但结果不显著。

表 2   焦虑自评量表前后测数据分析

组别	前测	后测	t	p
实验组	52.143 ± 6.76	42.5 ± 5.95	2.833	0.015
对照组	53.714 ± 3.35	52.285 ± 3.73	0.754	0.446

对实验组及对照组的交往焦虑自评量表的前测及后测的差异性检验结果见表 3，从数据可知，实验组被试干预后社交焦虑得分比干预前有所降低（$t=2.833$，$p < 0.05$），结果显著，对照组被试社交焦虑水平有所降低，但结果不显著。

表 3   交往焦虑自评量表前后测数据分析

组别	前测	后测	t	p
实验组	48.71 ± 8.14	40.14 ± 4.49	2.44	0.031
对照组	45.57 ± 7.18	42.57 ± 4.61	0.930	0.371

从以上数据分析可知，音乐治疗团体心理辅导对改善大学生的焦虑及社交焦虑有着明显的干预效果。

（二）成员感受反馈

除量表得分客观的量化数据外，本研究还通过被试报告主观感受来对结果进行补充性分析。以下摘录成员在团体辅导结束后的感受见表 4，基于对被试隐私信息的保护，用英文字母来代表成员名字。

表 4   音乐治疗团体成员感受反馈表

成员	参加音乐治疗团体辅导的感受
A	一直很想深入了解这个领域，这次算是有点了解了。而且，经过这次活动，我感受到了音乐的魅力，我能随着音乐来感受自己的情绪，还能得到宣泄，我觉得我以后心情不好了也可以用这个方法。
B	我觉得我们的这个团体氛围是轻松的，大家都很包容对方。在这里，我可以敞开心扉，其实刚开始我是很害怕的，抗拒分享，但是慢慢地被大家感染，也越来越放松。

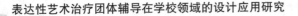

续表

成员	参加音乐治疗团体辅导的感受
C	我觉得在这里能够认识新朋友很开心，经过这几次的活动，我们从陌生人变成越来越多袒露心扉的朋友。其实我刚进来的时候压力很大，也没有什么朋友，但是来参加这个活动，加入了一个这么和谐的团体，我觉得很棒。
D	我刚开始对这次活动充满期待，结果果然没让我失望，虽然我平时很不喜欢在大家面前讲话，但是经过这几次分享，我觉得大家都很包容我，没有嫌弃我讲得不好，所以我更自信了。
E	其实我非常害怕暴露自己的缺点，想做一个完美的人。但是活动分享让我感受到每个人都有自己的小缺点，但是这是能被大家接受的，我尝试慢慢接受自己的缺点，慢慢暴露自己的缺点，现在好多了，不那么害怕，我觉得以后会更好，能够更全面地认识自己、接受自己。
F	我还挺喜欢音乐的，但是大学生活真的太压抑了，我和舍友关系都不好，在这次活动中，我发现我的多好感受和一些同学的相同，我觉得得到了认可，这里也有一些勇敢积极的成员，我从他们身上也学到了一些，我觉得对于我自己的成长挺有帮助的。
G	来之前压力超大，这学期课程太多，考试太多，活动也很多，我觉得每天都忙不过来，很焦虑，想来这里放松情绪，我觉得成功了，这几次活动后我心情确实平静了些，不像以前那么焦躁了。

通过被试们的主观评价，我们可以知道，团体成员在人际交往方面得到了改善，从一开始的紧张到能够很好地融入团体并与其他团体成员建立良好的关系，甚至可以主动分享自己的情绪，变得更加自信。情绪方面也从焦虑逐渐转变为平静愉快，说明音乐治疗团体辅导能够有效改善成员的焦虑及交往焦虑。

四、讨论与总结

本研究通过对实验组 7 个被试进行为期 2 个月 6 次的音乐治疗团体辅导，对对照组不进行任何干预，评估其在焦虑、社交焦虑情绪上的表现。根据焦虑自评量表及交往焦虑量表结果及对被试的观察，经过音乐团体治疗后，被试焦虑水平减轻，社交焦虑有明显改善，说明音乐治疗团体辅导一定程度上促进负性情绪的改善。

　　根据对被试的访谈可知，大学生目前在学业、人际关系、情感等方面承受着巨大的压力，从而出现焦虑情绪。通过本研究的量表数据可以看到音乐治疗团体辅导对大学生的焦虑情绪缓解有着积极作用，本研究的音乐治疗包括听音想象，被试可以在此过程中进行自由想象，唤醒自己的情绪感受并得到合理宣泄、表达，从而减少压力，变得更放松，心情更平静，有效地缓解了焦虑情绪。团体带领者运用团体心理辅导的技术，在音乐治疗的过程中引导被试进行互动，让被试之间能够互相交流、鼓励及分享，以此发挥团体心理辅导的疗效因子，减少了被试的不合理认知。通过本研究的数据可以看到音乐团体治疗对大学生的社交焦虑情绪缓解有着积极作用。被试的主观评价也包括得到了他人理解，找到了同伴，愿意更主动地交往。本研究中，通过活动的不断推进，被试之间的互动和交流也越来越多，推进了彼此关系的发展。因为团体心理辅导的独特性，需要被试彼此间相互尊重、接纳和暴露，被试在这里感受到了安全、温暖的氛围，有效地缓解了社交焦虑。而音乐作为一种更为轻松的媒介和素材，在团体心理辅导的过程中，起到了"润滑剂"与"传送带"的功能，使得两者相得益彰。

　　经过本研究的音乐治疗团体干预实验，我们可以初步发现：音乐治疗团体辅导可以有效改善大学生的社交焦虑，未来对大学生社交焦虑的干预可以采取多层次、多种类的音乐治疗团体辅导，探索更具针对性的干预效果。

注释

[1] 刘波. 广州市大学生社交焦虑状况的调查研究 [J]. 广东职业技术教育与研究，2016（5）：62-65.

[2] 王莉. 杭州地区高校学生社交焦虑情况调查分析 [J]. 中国医院统计，2018（4）：281-282.

[3] 黄海量，苏娜娜，吕征，等. 团体辅导治疗大学生网络依赖效果的Meta 分析 [J]. 中国学校卫生，2015，36（4）：495-498.

　　（本文发表于 2019 年 10 月的《长春师范大学学报》，合著作者为罗越昕）

附录 2　绘画治疗团体辅导对大学生自我接纳水平的干预研究

一、引言

从儿童成长为独立成人的过程中，自我接纳扮演着至关重要的角色。自我接纳指的是个体对自己正面和负面特征的认同与接纳[1]。作为理性情绪行为疗法（rational emotive behavior therapy，REBT）关注的核心问题之一[2,3]，自我接纳强调接受"人是一个复杂、不完美且可能犯错的生物"的现实[4]。这一理念鼓励个体避免过度自我批评，并减少受他人负面评价的影响[4]。这种自我认知也是个体自我评价不可或缺的一部分，是构成个体心理健康的重要基石。在这一成长阶段，个体往往会经历与自我价值感有关的各种情绪体验。负面的自我评价，在生理变化与内外压力的交织下，可能催生抑郁等负面情绪，进而损害心理健康。相反，积极的自我评价则有助于目标设定、动机激发和表现提升，并与自我认知和自我意识紧密相连[5]。因此，Albert Ellis 强调了自我评价在自我接纳和人际接纳中的重要性[6]。

对于大学生而言，大学时期是自我认同和成人身份形成的关键时期[7,8]。自我评价和自我接纳不仅关乎学生的心理健康和福祉，还直接影响其应对技能、情感技能和社会互动能力的发展[9]。众多研究已经强调了大学生自我概念不佳所带来的不良影响，包括饮食失调、怀孕、心理健康问题和高辍学率等[10]。先前的研究发现，采用团体辅导的方式对男性戒毒人员[11]、小学生[12]、青少年罪犯[13]及高职生[14]等不同群体的自我接纳水平进行干预，效果显著。团体辅导的优势在于能够同时处理多个方面的问题，并促进成员间的相互支持和理解[8]。其中，报告的有效的团体辅导主要运用的技术方法包括催眠疗法[15, 16]、意象对话[16]、舞动治疗[17]和体育游戏[18]等。绘画治疗有着能把出现在不同时间、空间的内容同时表现出来、活动形式轻松愉悦、减少当事人阻抗、易表达潜意识内容等独特优势，在一项实验对比研究设计中，Beerse、Van Lith 和 Stanwood[19]使用黏土进行了为期十周的艺术治疗干预，以证明其对大学生焦虑水平的积极影响。Rankanen[9]在 68 名被试参加了 12 个不同的艺术治疗小组后征求了被试的反馈，大多数被试（98%）认为其心理健康受到了积极影响。尽管该领域的研究正在蓬勃发展，但艺术治疗在大学生自我接纳方面的疗效仍是一个研究不足但日益受到关注的领域，已发表的研究显示其成功程度各不相同。

因此，本研究的目的是通过采用实验性前—后测随访对照组设计，探讨绘画治疗团体辅导（paint therapy group，PTG）干预对大学生自我接纳水平的影响。本研究提出以下假设：绘画治疗团体辅导能够显著提高大学生的自我接纳水平，并且这种提升在干预后的一段时间内能够持续。

二、材料与方法

（一）绘画治疗

艺术作为一种有目的性地组织事物的活动或过程（常伴随象征意义），往往能够触及并影响个体的感官、情感及洞察力。它涵盖了音乐、文学、电影、摄影、雕塑及绘画等多种人类活动、表现形式及表达方法。其中，将创造性技法应用于心理咨询与治疗及情感健康促进的领域，利用绘画、泥塑、摄影等视觉艺术媒介，帮助个体表达内在的情感和想法的方式被称为绘画治疗，又称绘画疗法、艺术治疗、美术治疗等。此疗法植根于一个核心理念：创造性表达能够促进个体的治愈与心理健康[20]。绘画治疗的优点列举如下：

1.以个人发展为中心：治疗应聚焦于个体的成长、康复、心理咨询与治疗、矫正、适应和/或人格提升。

2.融合艺术与治疗：将个体在艺术和治疗方面的训练与对正常和异常行为理论、图形象征性表达以及干预策略的理解相结合，以回应个体的优势和需求。

3.适用于不同年龄和场景：在多种环境中进行个体或团体工作，可以减轻抑郁或焦虑问题的严重程度。

4.疗愈个体：帮助正在经历疾病、创伤或失落的个体。

5.缓解压力：减少与工作/学校相关的压力。

6.改善人际交往：提升人际交往能力。

7.增强自我意识与自尊：帮助个体提高自我意识、自尊，改善认知能力，鼓励培养创造力和个人成长。

8.提供患者关怀服务：为患者提供全面的关怀服务。

绘画治疗通过为个体或团体提供一个创造性的表达平台，使其能够以一种非语言的方式表达内心的感受、想法和情绪，从而促进自我探索和情绪释放。这种治疗方法在促进心理健康、缓解压力、增强自我接纳和自尊方面显示出显著的效果。

（二）团体辅导

团体辅导是一种咨询形式，其中一小群人定期会面，在团体领导者的引导下，相互讨论、互动和探索彼此所面临的问题。团体辅导旨在为团体成员提供一个安全舒适的环境，使其能够整理自己的问题和情感困扰。团体成员通过深入了解自己的想法和行为，为彼此提供建议和支持。团体辅导的其他优势列举如下：

1.相互支持与接收：成员之间可以相互给予和接收支持。

2.探索潜在解决方案：在更好地了解问题后，共同探索可能的解决方案。

3. 实践人际交往技能：在安全的团体环境中，提升人际交往能力。

4. 了解他人看法：更深入地了解他人如何看待自己。

5. 提升观察与反馈能力：增强对他人行为和情感的观察与反馈能力。

6. 提高问题解决能力：通过集体讨论和合作，提升解决问题的能力。

7. 增强情感表达：在团体中更自由地表达情感，促进情感释放。

8. 减少社会孤立：与同龄人建立联系，减少孤独感。

9. 改善沟通能力：通过团体互动，提升沟通技巧和表达能力。

根据心理健康状况和辅导过程中采用的咨询与治疗方法，团体辅导可以细分为多种形式。

1. 认知行为团体：专注于发现和改变不正确或扭曲的思维过程、情绪反应和行为。

2. 人际团体：关注人际关系和社会互动，如获得的支持程度以及这些关系如何影响心理健康。

3. 心理教育团体：通过认知行为疗法（CBT）的理念，教育团体成员了解其疾病及应对机制。

4. 技能发展团体：帮助患有精神疾病或身体障碍的人提高社交技能。

5. 支持团体：为经历各种心理健康障碍的人及其亲人提供支持，促进其相互理解和支持。

（三）研究对象

通过张贴招募海报、在微信公众号发送招募推送等方式招募被试，共 78 人报名。经筛选，选择了 18 名志愿者作为本次研究的被试。其中，72% 的被试为女性。被试系来自教育、管理、金融和中文系的学生。平均年龄为 19 岁。所有被试均来自城市家庭。

（四）研究对象选择过程

本研究计划获得了大学伦理委员会的批准，所有被试均签署了知情同意书。团体领导者由大学心理咨询中心的教师和学生助理担任，均接受过临床心理学和团体辅导的专业培训。被试被随机分为两组：实验组（$n=9$；7名女性，2名男性）和对照组（$n=9$；6名女性，3名男性）。

研究对象的选择过程分为两个阶段。第一阶段，对78名潜在被试进行了面试，主要从两个方面进行筛选：①被试的基本人类状况（即身体状况、情绪、冲突等）以及参与自我接纳团体辅导的意愿；②向被试介绍研究目的，并对提出的问题进行深入解答。第二阶段，面试后，排除了6名被诊断为精神障碍且正在接受药物治疗的被试。对剩余被试进行筛选，并使用自我接纳水平量表测量其得分，并按得分从高到低进行排序。得分位于前27%的被试被归为高分组，而得分位于最后27%的被试则被归为低分组。最后，从低分组中随机选择了18名被试，并再次随机分配至实验组和对照组。

三、方法

（一）测量工具

本研究采用国内较常用的自我接纳问卷（self-acceptance questionnaire，以下简称SAQ）[21]。SAQ由16个项目组成，量表总分在16-64分之间。16个项目又被分为两个子量表：自我接纳和自我评价。自我评价（self-evaluation，SE）指的是对自己思想、期望、行为和人格特质的判断和评价，是自我调节的重要条件[22]。在实验过程中，采用4点李克特量表对8个自我接纳项目（1、4、7、8、11、13、14、16）进行反向计分（1=非常不符合，4=非常符合）。得分越高，表示研究对象的自我接纳程度越高，反之亦然。同样地，对8个自我评价项目（2、3、5、6、9、10、12、15）进行正向计分（1=非常符合，4=非常不符合）。由此得出，得分越高，表示研究对象的自我评价水平越高，反之亦然。

Cronbach's alpha是衡量测试或量表项目内部逻辑或可靠性的指标。它通过将每个观测值的所有单项得分的方差与总分进行比较来计算。本研究方案中的 Cronbach's alpha 可以通过以下公式计算：

$$\alpha = \frac{NP}{V + (N-1) \cdot P},$$

其中，N 是被试的总数；P 表示被试对之间的平均协方差；V 表示平均方差。SAQ 的自我接纳因子和自我评价因子的内部一致性 Cronbach's alpha 系数分别为 0.93 和 0.91，两个因子之间的相关系数为 0.37（$p < 0.0001$），问卷的重测信度为 0.77，表明该问卷具有良好的效度[23]。这些结果证明了 SAQ 在测量自我接纳和自我评价方面的稳定性和可靠性。

（二）实验设计

本研究采用类实验研究方法，类似于 Campbell 和 Stanley[24] 的设计，由于这种方法能够在一定程度上抵抗对有效性和可靠性的频繁风险，因此被称为实验性研究设计。实验一开始，实验组和对照组在筛选被试阶段先进行一次 SAQ 测量，此为前测。接着，实验组进行为期 8 周的绘画治疗团体辅导，对照组不做任何干预，承诺下个学期优先参与心理咨询中心的活动。实验组结束 8 周干预后，两组再次进行 SAQ 测量，此为后测。前测和后测的时间相差约 8 周。团体结束 2 个月后，再次测量 SAQ 分数（跟踪后测）。

为了确保实验的有效性和可靠性，本研究在实验过程中采取了多种措施来控制潜在的干扰因素，如确保两组被试的背景知识和能力水平相当，以及使用标准化的评估工具来测量被试的自我接纳和自我评价水平。

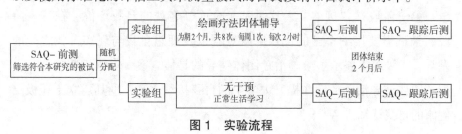

图 1　实验流程

（三）数据分析

采用 SPSS 19.0 对收集到的数据进行分析。为评估实验效果，运用配对样本 t 检验比较前后测数据之间的平均分差异。同时，使用独立样本 t 检验来比较实验组和对照组之间的平均分差异，以探讨不同教学模式对学生自我接纳和自我评价的影响。

（四）团体辅导的理念与方案

Meyer 和 Leppma 认为，自我接纳是自我实现者最重要的特征之一。[25] 基于此概念，本研究设计了针对自我接纳的团体辅导方案，该方案分为三个阶段进行。团体辅导活动在大学的团体辅导室进行。首先，团体引导者让成员做自我介绍，并鼓励每位成员真诚、开放地分享，营造出一种充满同理心和支持性的氛围。

第一阶段是"允许"，即潜意识中的自我开放。在这一阶段，团体引导者通过呼吸和放松练习引导被试达到完全开放或接受的状态。呼吸练习的时间根据具体情况从几秒到几分钟不等。

第二阶段是"觉察"。在这一阶段，被试通过倾听自己的身体和内心感受，想象自己的外在形象、行为、情绪和内心想法，充分认识自己。通过色彩表达，被试可以在不过度思考的情况下，表达自己的情感体验、思想和潜意识感受。被试回顾在团体中创作的作品，并解释自己的作品，随后在团体成员之间的讨论中重新发现自己，获得更深刻、更全面的自我理解。

第三阶段是"接纳"，这是基于全面、客观的自我评价。在这一阶段，被试需要接纳自己的优点和缺点，以及理想自我与现实自我之间的差异。[26] 表 1 展示了绘画治疗团体辅导的具体方案。本研究通过这一系列的团体辅导活动，旨在提升大学生的自我接纳水平，助其建立更积极、健康的自我认知。

表 1　绘画治疗团体辅导方案

单元	活动名称	活动目标	主体活动
1	相识是缘	建立团体、明确成员的目标和愿景	滚雪球自我介绍； 制定团体公约； 绘画创作《名字的故事》； 分享作品和感受； 制作"心愿卡"
2	我的情绪	认识情绪，感受情绪，用绘画表达情绪	幸运大轮回； 绘画创作《我的情绪》； 分享作品和感受
3	感受此时此刻的情绪	进一步觉察情绪，练习放松，用绘画呈现情绪的变化	你画我猜； 分享一周有意义的事情； 绘画创作《此时此刻的情绪》； 分享作品和感受
4	我的面具	觉察呈现给他人的自我、探索"面具"的意义与负面影响	绘画创作《我的面具》； 分享作品和感受
5	真实的自我	觉察与面对真实的自我，探索真实的需求	绘画创作《真实的自我》； 分享作品和感受
6	我的阴影	认识"阴影"与负面情绪，理解其中的意义与资源，尝试接纳"阴影"	绘画创作《糟糕的自我》并欣赏音乐； 分享作品和感受
7	自我接纳	总结团体成员自我探索的方式，介绍萨提亚"冰山理论"，并使用该理论进行自我探索练习	分享萨提亚"冰山理论"； 练习使用"冰山理论"来进行自我探索及创作； 分享感受和发现
8	改变六要素和总结	分享萨提亚"改变六要素"，肯定成员的努力与探索，回顾团体，结束团体	回顾团体； 分享"印象最深的作品"； 总结与分享、相互赠送寄语和礼物

四、实验工作与结果

（一）实验前后实验组与对照组自我接纳水平的比较

表 2 展示了实验组接受绘画治疗团体辅导前后，两组被试自我接纳得

分（M±SD）的比较。从中可以看出，实验前，实验组和对照组的自我接纳水平测量总分、自我接纳因子得分和自我评价因子得分没有显著性差异，说明两组被试实验前的自我接纳水平相当。

表 2　实验前两组被试自我接纳得分比较（*n*=9）

组别	统计值	自我接纳因子	自我评价因子	自我接纳总分
实验组	M±SD	18.11±3.69	19.22±2.17	37.33±4.39
对照组	M±SD	16.89±2.71	18.22±2.49	35.11±2.15
	t	0.80	0.91	1.37
	p	>0.05	>0.05	>0.05

在 SAQ 测量中，得分越高说明自我接纳水平越高。从表 3 可以看出，实验组实验后的 SAQ 总得分高于实验前，有高度显著的差异（$p<0.01$）。实验组后测自我接纳因子分和自我评价因子分均显著高于实验前。对照组实验前后 SAQ 总得分、自我接纳因子分及自我评价因子分小幅度下降，差异均不显著（$p>0.05$）。这一结果表明，绘画治疗团体辅导干预对实验对象的自我接纳水平产生了积极影响。通过参与绘画治疗团体辅导，实验组成员在自我接纳和自我评价方面均有了显著提升，而未接受干预、只是正常进行生活学习的对照组则未出现类似变化。这进一步证实了绘画治疗团体辅导在提高个体自我接纳水平方面的有效性。

表 3　实验组和对照组前后测自我接纳得分比较（*n*=9）

组别	施测时间	统计值	自我接纳因子	自我评价因子	自我接纳总分
实验组	前测	M±SD	18.11±3.69	19.22±2.17	37.33±4.39
	后测	M±SD	22.44±3.50	22.78±4.18	45.22±6.65
		t	3.19	3.71	3.66
		p	≤0.01	<0.01	<0.01
对照组	前测	M±SD	16.89±2.71	18.22±2.49	35.11±2.15
	后测	M±SD	16.78±2.77	18.00±2.78	34.78±2.05
		t	−1.00	−1.51	−2.00
		p	>0.05	>0.05	>0.05

（二）实验组实验后两个月随访自我接纳比较

虽然实验结束 2 个月后实验组的 SAQ 得分相较团体辅导刚结束的时候有所回落，但仍高于实验前，且差异具有统计学显著性（$p < 0.01$）。具体而言，自我接纳因子和自我评价因子的得分均有显著提高（$p < 0.01$，$p < 0.05$），详见表 4。而对照组的 SAQ 自我接纳总得分、自我接纳因子、自我评价因子在实验结束 2 个月后仍旧没有显著差异，详见表 5。这表明，绘画治疗团体辅导干预对提升被试自我接纳水平具有持续效果。

表 4　实验组自我接纳追踪得分差异性检验（$n=9$）

测量值	实验前	实验结束 2 个月后	t	p
自我接纳总得分	37.33 ± 4.39	43.67 ± 4.64	4.33	< 0.01
自我接纳因子得分	18.11 ± 3.69	22.11 ± 2.85	4.06	< 0.01
自我评价因子得分	19.22 ± 2.17	21.56 ± 2.65	2.86	< 0.05

表 5　对照组自我接纳追踪得分差异性检验（$n=9$）

测量值	实验前	实验结束 2 个月后	t	p
自我接纳总得分	35.11 ± 2.15	34.98 ± 2.06	−1.69	0.07
自我接纳因子得分	16.89 ± 2.71	16.75 ± 2.75	−0.90	0.55
自我评价因子得分	18.22 ± 2.49	18.09 ± 2.58	−1.01	0.37

（三）讨论

本研究的目的是通过采用实验前测—后测对照组设计，探讨绘画治疗团体辅导干预对大学生自我接纳水平的影响。

研究检验了绘画治疗团体辅导能否提高大学生自我接纳水平的假设。配对样本 t 检验结果显示，实验组在自我接纳因子和自我评价因子方面均有显著改善，这一结果支持了本研究的假设。实验结束 2 个月后的追踪测试则进一步表明，绘画治疗团体辅导干预对大学生自我接纳水平的提升效果是持续且显著的。

对绘画治疗团体辅导前后测的数据分析显示，经过 8 周的绘画活动后，实验组的总分、自我接纳因子和自我评价因子的水平均显著提升。然而，对照组被试在实验后的测量数据较实验前却稍有下降，但并未发生显著变化。在干预后 2 个月的随访测试中，实验组被试的自我接纳得分仍然较高，与干预前的自我接纳得分存在显著差异，这表明绘画治疗团体辅导对大学生自我接纳水平产生了积极且持久的影响。与干预前数据相比，干预后 2 个月自我接纳因子的改善幅度大于自我评价因子的改善，这可能意味着在较短时间内提升自我评价水平有助于进一步改善自我接纳水平。

值得注意的是，实验前实验组较高的 SAQ 得分可能反映了该组在实验开始前就具备了一定的自我接纳基础，即便如此，实验组的被试仍然能够通过绘画治疗团体辅导获得进一步的提升。这进一步强调了该干预方法的普遍适用性和有效性。

通过艺术表达，绘画治疗团体辅导极大地降低了团体成员的心理防御机制和抗拒感。绘画使个体能够将负面的情绪压力投射到作品中，将感受和经验融入创作过程，从而缓解心理焦虑，消除问题行为。[27] 以人为本，营造了一种以团体成员为中心的氛围，使团体成员感受到被重视和被接纳，感受内在的生命能量，学会现实而客观地看待自己，接纳自己，并最终完成自我完善和自我整合。这对于那些应激反应强烈、自尊心低下的敏感成员来说，是一种更易接受的方法。在轻松且充满信任的环境中，团体成员能够充分开放自己，自由创作艺术，并与潜意识相连，使其潜意识思想自然而然地显现出来。团队领导者通过观察成员绘画作品的色彩、线条、形状、纹理等表达形式，具体了解其真实情况，从而引导团体成员正视并接受自己的潜意识内容。艺术创作本身就是一个心理疗愈的过程[28]。个体在绘画中表达的情感，往往是在日常生活中难以直接表达的。基于团体动力学理论[29]，绘画治疗团体辅导促进了团体凝聚力，激发了被试的创造性思维过程（特别是那些积极参与活动的个体），营造了一个和谐、温馨、积极的氛围。因此，团体成员感到被接纳、有安全感，并相互信任，从而能够展现自己的内心世界，实现更多的自我探索。团体中成员的语言、行为、观点、态度等均可以为其他成员作为参考、学习，团体成员在团体辅导的过程中通过了解其他成员的行为、情感和想法,不断地调整自己的认知。成员通过观察团队领导和其他成员的沟通方式,尝试寻找合适自己的沟通方式。在这个过程中,团队领导可以加深对团体成员的了解,团体成员也可以加深对自我的了解。

本次绘画治疗团体辅导还有两点经验可供借鉴参考。第一,考虑到高校中可能存在的心理问题污名化的问题,研究者在团体招募的时候把团体命名为"自我接纳·绘画心灵成长团体",以便于引发大学生参与的兴趣与热情。由于在团体中容易产生普同感,当得知其他成员也有相似的困扰和感受到来自他人的理解时,成员之间会降低防御戒备的心理,增强对团体的信任。第二,在团体辅导活动中,融入心理教育的功能,帮助成员更好地了解自我接纳的方式和对自我的认知、行为上如何进行改变。例如本次绘画治疗团体辅导第七、八单元的活动中,应用了萨提亚的"冰山理论"和"改变六要素"[30],帮助成员更好地认识自己,接纳自己,改变自己。从成员的反馈中也可看出,通过对理论的学习,成员在日常的学习生活中也尝试运用理论来实践,获益良多。

综上所述,本研究支持了绘画治疗团体辅导在提高个体自我接纳水平方面的积极作用,为未来的相关研究和实践提供了有力的证据。尽管绘画治疗团体辅导在促进心理健康和个人成长方面具有显著优势,但在实施过程中仍需注意避免污名化问题,并加强心理教育的融入,以进一步提升辅导的有效性和参与度。未来的研究可以进一步探索如何更好地平衡这些因素,以优化绘画治疗团体辅导的实施效果。

五、结论

本研究旨在通过使用绘画治疗团体辅导技术提高大学生的自我接纳水平,针对广东省某高校大学生的自我接纳问题,研究人员进行了一项准实验研究,设立了实验组和对照组两个组别,被试被随机且均等地分配到这两个组(每组 $n=9$),并在为期 2 个月的时间内完成了自我接纳和自我评价的前测和后测，实验结束后完成追踪后测。其中，实验组被试接受了绘画治疗团体辅导干预。本研究还采用了配对样本 t 检验来比较干预对两组实验成绩的影响。

研究结果表明，实验组自我接纳因子和自我评价因子的得分有所提高，绘画治疗团体辅导对学生的自我接纳水平产生了显著的积极影响。这一发现表明，绘画治疗团体辅导是一个有效的心理咨询项目，特别适用于自我接纳程度较低的大学生。通过参与这种辅导，学生不仅能够提升自我接纳水平，还可能在心理健康、情感调节和社会功能等方面获得改善。

基于这一发现，本研究也为教育工作者和心理咨询师提供了有价值的参考，即除了传统的心理咨询方式外，可以在高等教育环境中探索更多形式的团体辅导（如本研究中引入的绘画治疗），以更全面地满足学生的心理健康需求。例如，可以结合不同文化背景和心理需求，设计更具针对性的团体活动，如绘画、音乐、舞动等多种形式的疗法，以丰富心理咨询的多样性和有效性。这些形式可能更加符合大学生的接受程度或文化背景，从而更有效地帮助大学生实现自我接纳和全面发展。

注释

［1］Rocha M F F d, Neves B C A N, Tavares F M d C G C. Development and validation of the self-acceptance scale for persons with early blindness：the SAS-EB［J］. Plos One, 2014, 9（9）：e106848.

［2］Ellis A. Reason and emotion in psychotherapy：a comprehensive method of treating human disturbances［M］. Johnson City：Carol Publishing Group, 1994.

［3］Ellis A. Rational emotive behavior therapy［M］//Corsini R J, Wedding D. Current Psychotherapies. 8th ed. Boston：Thomson Brooks/Cole, 2008.

［4］Bernard M. Self-acceptance：REBT as the psychological armor that

protects children and adolescents ［M］//Bernard M，Terjesen M D.
Rational-Emotive and Cognitive-Behavioral Approaches to Child and
Adolescent Mental Health：Theory，Practice，Research，Applications.
Berlin：Springer，2020.

［5］Konzelmann Z A. Self-evaluation：philosophical perspectives ［M］//
Konzelmann Z A，Lehrer K，Schmid H. Philosophical Studies Series.
Dordrecht：Self-evaluation Springer，2011.

［6］Bernard M E. Dispute irrational beliefs and teach rational beliefs：
an interview with Albert Ellis ［J］. Journal of Rational-Emotive &
Cognitive-Behavior Therapy，2009，27（1）：66-76.

［7］Widodo S，Sari D P，Hikmawan R，et al. Profile of student's self-
acceptance and their habits of minds ［C］// Proceedings of the
International Conference on Elementary Education. 2020：1165-1177.

［8］Sonnone A，Rochford J S. Wellness at universities：a group art therapy
approach ［J］. Journal of College Counseling，2020，23（2）：168-
179.

［9］Rankanen M. Clients ［J］.The Arts in Psychotherapy，2016，50：101-
110.

［10］Arshadh N S M，Muda T E A T. A review of social acceptance，
psychosocial implications and coping mechanisms of teenage mothers［J］.
International Journal of Social Science Research，2020，2（1）：1-12.

［11］庞瑜，周强，陈扬，等. 团体心理辅导对男性强制戒毒人员的自我
接纳与应对方式的干预研究 ［J］. 心理研究，2018，11（3）：
44-51.

［12］朱蕾晔. 团体辅导对改善小学生心理韧性和自我接纳水平的实证研
究 ［J］. 黑河学院学报，2019，10（4）：39-41.

［13］Smeijsters H，Kil J，Kurstjens H，et al. Arts therapies for young offenders
in secure care-A practice-based research ［J］. Arts in Psychotherapy，

2011，38（1）：41-51.

［14］姚丽，林英志. 焦点解决取向团体辅导促进高职生自我接纳水平的路径研究［J］. 太原城市职业技术学院学报，2019，（2）：100-101.

［15］张亚，徐光兴. 团体催眠辅导在提高大学生自我接纳程度中的应用初探［J］. 心理科学，2006，（1）：236-238，197.

［16］杜凤. 催眠疗法与意象对话技术对高职生自我接纳干预的比较研究［D］. 扬州：扬州大学，2012.

［17］轩希，吴捷，马慧霞，等. 舞动治疗对大学生自我接纳与自我效能感的干预［J］. 中国临床心理学杂志，2017，25（3）：584-587.

［18］王彩娥. 大学新生自我接纳与社交焦虑的关系及干预研究［D］. 石家庄：河北师范大学，2016.

［19］Beerse M E, Van Lith T, Stanwood G D. Is there a biofeedback response to art therapy? A technology-assisted approach for reducing anxiety and stress in college students［J］. Sage Open, 2019, 9（2）：1-12.

［20］Stuckey H L, Nobel J. The connection between art, healing, and public health：a review of current literature［J］. American Journal of Public Health, 2010, 100（2）：254-263.

［21］丛中，高文凤. 自我接纳问卷的编制与信度效度检验［J］. 中华行为医学与脑科学杂志，1999（1）：20-22.

［22］Andrade H L. A critical review of research on student self-assessment［J］. Frontiers in Education, 2019, 4：87.

［23］Heiman G W, Understanding research methods and statistics［M］. 2nd edition. Boston：Houghton Mifflin Comp, 2008.

［24］Campbell D T, Stanley J C. Experimental and quasi-experimental designs for research［M］. Chicago：Rand McNally, 1966.

［25］Meyer L P, Leppma M.The role of mindfulness, self-compassion, and emotion regulation in eating disorder symptoms among college students

［J］. Journal of College Counseling，2019，22（3）：211–224.

［26］周艳蕾，訾非. 自尊与自我接纳的关系研究——基于自我意识的三成分［J］. 洛阳理工学院学报（社会科学版），2016，31（2）：71–81.

［27］Abbing A C，Baars E W，Haastrecht O V，et al. Acceptance of anxiety through art therapy：a case report exploring how anthroposophic art therapy addresses emotion regulation and executive functioning［J］.Case Reports in Psychiatry，2019：13.

［28］张秀琴，何瑾，樊富珉. 表达性艺术团体辅导在地震三年后中小学教师心理干预中的应用［J］. 兰州文理学院学报（社会科学版），2017（1）：120–124.

［29］Nash G. Response art in art therapy practice and research with a focus on reflect piece imagery［J］. International Journal of Art Therapy，2020，25（1）：39–48.

［30］Banmen J. The Satir Model：Yesterday and Today［J］. Contemporary Family Therapy，2002，24（1）：7–22.

（本文发表于 2021 年 8 月的《科学规划》上，合著作者梁文俊、范婉怡及张淇喆）

附录 3　表达性艺术治疗团体辅导对学生心理韧性的干预研究

一、问题的提出

疾风怒涛，是青少年心理学研究的先驱霍尔对青春期的比喻。青春期通常指的是 11 岁到 18 岁的时期，是个体生长和发育的关键时段，也是个体心理逐渐成熟的过渡期。当处于青春期的青少年升入高中，与在初中的生活相比，承受了更大的学业压力，更容易产生心理健康问题，同时，极为迅速的生理发育与相对缓慢的心理发育，会导致青少年更多的心理冲突，感知到更大的压力，身心发展不平衡。但有研究者发现严重压力并不是对所有青少年的心理健康都造成不利影响。Werner 等研究者对 505 位青少年进行了 30 年的纵向追踪，以考察经历过高压力情境后的青少年的发展情况，研究发现部分个体的心理健康没有受到不利影响，依旧较好地适应了生活，持续良好地发展。[1]经过诸多研究对比发现经历同样压力情境的青少年，在适应和发展方面有所差异的原因在于个体间的心理韧性不同。[2]

心理韧性是指个体所具有的能够有效应对和适应逆境的特质。[3]心理韧性能使个体在经受挫折后迅速地恢复与适应，发展出健康的心理特质和行为，在面对逆境、创伤、悲剧、威胁这些重大压力时，个体能良好适应的过程。[4]Reivich 等研究者认为所有人都需要心理韧性，每个人的成长过程不可避免地会受到挫折的打击、遭受未知的危机或心理创伤，但心理韧性会使个体在困境中建立正性的认知，在战胜挫折后发展出更坚强的个性。[5]Friborg等研究者经过研究后提出，低心理韧性的个体会感知到更多的心理困扰，高心理韧性的个体就表现出了较高的心理健康水平。[6]因此，拥有良好的心理韧性，是让青少年迅速地适应危机情境，发展出良好个人特质和行为的关键。

高中生情感丰富、思维活跃、精力旺盛，正处于面临情感表达、人际交往、升学考试等挑战的关键时期，遭受种种挫折后可能在情绪上体现为焦虑、孤独、苦恼、恐惧等，在行为上体现为社交回避、厌学等。如若能通过有效的心理健康教育方式，提升高中生的心理韧性，对高中生的未来发展具有重要的现实意义。相比个体心理咨询与辅导，团体辅导在中学环境中展现出更强的适用性，其高效率、多元互动和引发学生深刻共鸣的特点不仅能够短时间内为多名学生提供心理支持，还能促进学生间的相互理解和成长。国内多项研究表明，团体辅导是提升高中生心理韧性的有效干预方法之一。

表达性艺术治疗是基于多种心理学理论并结合艺术理论发展出的一种心理干预技术，主要以绘画、音乐、舞蹈等艺术形式作为情感媒介，旨在通过创造性表达激发个体内在的能力，处理心理冲突、提高自我觉察，增强自信，并促进良好的人际关系和社会适应性。[7]表达性艺术治疗自20世纪90年代引入中国以来，以其操作灵活、富有吸引力的特点被广泛应用于各个领域，学校的心理健康教育尤为重点广泛地引入，取得了良好的效果，但关于表达性艺术治疗在高中的实证研究，整体量化研究不足。[8]由于高中生群体心思细腻敏感，容易出现心理矛盾。传统的基于语言的辅导方式可能导致他们产生防御心理。将表达性艺术治疗引入团体辅导中，可以为高中生提供一个更为自由、直观的表达平台，从而更好地解决他们的心理冲突，缓解压力，并促进他们的心理健康与成长。

因此，本研究以表达性艺术治疗为主要的干预技术，在此技术上开发设计团体干预方案，以团体辅导的形式，对高一学生进行干预，以期提高其心理韧性水平。

二、研究方法

（一）研究对象

在某中学高一年级通过自愿报名的方式招募学生参与研究活动，排除存在神经系统疾病或精神病性心理问题或正在服用精神科药物的学生，经筛选后，按照平衡性别比例的基础，随机选择48名学生作为研究对象。其中，干预组24名学生，其中男性12人，女性12人；对照组24名学生，其中男性11人，女性13人。

（二）研究工具

青少年心理韧性量表(RSCA)：采用胡月琴和甘怡群编制的青少年心理韧性量表，分为个人力（共15题）和支持力（共12题）两个维度，其中个人力包含目标专注、情绪控制和积极认知3个因子，支持力包含家庭支持和人际协助2个因子。该量表采用Likert5级评分，α系数为0.85，重测信度为0.83，效度良好。计算量表平均分，得分越高代表被试的心理韧性水平越高。

（三）干预方法

本研究的表达性艺术治疗团体辅导根据团体动力学理论、个人弹性理论、心理韧性影响因素等相关理论进行设计，每次活动基本由热身活动、主题活动、收尾环节3个模块组成，借助绘画、舞动、剪纸、黏土、戏剧等艺术治疗形式开展。团体辅导持续8周，每周一次，每次90分钟，具体的干预方法见表1。

表1　表达性艺术治疗团体辅导方案

周次	活动目的	活动要点	设计依据
第一周	形成团队，彼此熟悉，初步融入，简单讲解表达性艺术治疗原理和方法	游戏分组、活动介绍、名片与自画像	根据团体动力学理论，创建安全友好的团体氛围

周次	活动目的	活动要点	设计依据
第二周	加深对彼此的了解，降低心理防御，拉近距离，在画中投射真实的自我，并在团队中得到鼓励和共鸣	音乐冥想、时间轴、"房树人"	根据个人弹性理论，梳理生命故事，对自我进行初步客观全面认知，同时增强成员间的联结
第三周	通过肢体语言的表达与接触，增进团队正向情感，促进团队向同一目标努力与协作，激发凝聚力	观想名字、自由探索空间、分享	根据 RSCA 量表，包含目标专注、人际协助，本周重点提高成员间的互动，增强意志水平
第四周	帮助个体改善与自我的关系、管理情绪、促进自我成长，从而找回真实自我目标	音乐冥想、玫瑰之旅、分享	根据 RSCA 量表，包含情绪控制、积极认知、家庭支持，本周在于提高认知、情感水平
第五周	袒露真实的自我，促进自我悦纳，在团队中获得对同一作品不同角度的解读以及积极的认知	一周心情分享、最重要的五件、骄傲的黏土	根据心理韧性影响因素，继续积极努力维持保护性因素，提高个体的心理韧性水平
第六周	在团队中得到倾听和鼓励，体验被接纳和获得支持的感受，促进自我整合	绘本动画欣赏、生命历程、分享	根据个人弹性理论，梳理生命故事，对自我进行客观全面认知，进而悦纳自我
第七周	通过戏剧的方式激发情感，在氛围中释放压力，加强团队和谐，并从角色对话中受到启发	Tag 游戏、角色扮演、戏剧性仪式	根据心理韧性影响因素，继续积极努力打破危险性因素的消极认知，客观认知他人并悦纳他人，提高个体的心理韧性水平
第八周	巩固团队支持，面对团队分离	感谢三件事、大合照、回顾与总结	活动复习阶段，回顾整体流程，根据 RSCA 量表，本周在分离中提高情绪控制、积极认知，巩固人际协助

（四）研究程序

对参与研究的 48 名学生进行青少年心理韧性量表测验，根据测量评分，在平衡性别的基础上将学生分为干预组与对照组，确保两组学生的量表得分无显著差异。干预组 24 名学生参加每周一次、每次 90 分钟、连续

8 周的表达性艺术治疗团体辅导活动，对照组 24 名学生不进行干预处理，保持正常学习和生活，并承诺下学期可参加团体辅导活动。同时控制期望效应，不对干预组和对照组讲解实验目的。在干预组完成最后一次团体辅导后，邀请两组学生填写 RSCA 量表进行后测。使用 SPSS 23.0 将干预组和对照组的前后测量表得分结果录入，并使用独立样本 t 检验和配对样本 t 检验进行统计分析。

三、研究结果

对参与研究的 48 名学生进行青少年心理韧性量表测验，对干预组与对照组学生的量表得分进行独立样本 t 检验，两组学生在量表的各因子、维度及心理韧性总分上均无显著差异，由此确认两组学生在研究前的心理韧性得分具有同质性。

表 2　干预组和对照组前测量表得分比较

项目	干预组前测		对照组前测		t
	M	SD	M	SD	
目标专注	16.46	3.741	16.13	2.419	0.367
情绪控制	18.00	3.563	18.38	2.810	−0.405
积极认知	15.58	2.244	15.75	2.625	−0.236
家庭支持	17.42	2.552	16.71	1.853	1.100
人际协助	16.88	3.530	17.46	2.502	−0.660
个人力	50.04	5.026	50.25	4.099	−0.157
支持力	34.29	5.505	34.17	2.697	0.100
心理韧性总分	84.33	8.786	84.42	5.477	−0.039

注：* 表示 $p < 0.05$，** 表示 $p < 0.01$，未标注即表明 $p > 0.05$，下同。

对实验组与对照组后测的量表中的 5 个因子和 2 个维度及心理韧性总水平上的得分进行独立样本 t 检验，结果发现，在人际协助因子及支持力维度上，干预组与对照组无显著差异（$p > 0.05$）。干预组在目标专注、情绪控制、积极认知、个人里及心理韧性总水平上的平均得分均比对照组高，且差异均十分显著（$p < 0.01$），见表 3。

表 3　干预组和对照组后测量表得分比较

项目	干预组后测		对照组后测		t
	M	SD	M	SD	
目标专注	20.75	1.648	15.46	2.553	8.530**
情绪控制	20.50	2.735	18.21	3.647	−2.911**
积极认知	17.63	1.408	14.58	2.501	5.192**
家庭支持	18.04	2.095	15.96	2.789	2.926**
人际协助	17.29	2.177	18.29	2.404	−1.511
个人力	58.88	3.971	48.25	4.656	4.504**
支持力	35.33	3.667	34.21	3.176	1.136
心理韧性	94.21	6.311	82.83	6.651	3.406**

　　对干预组前后测的量表得分进行配对样本 t 检验，结果发现，经过表达性艺术治疗团体辅导后，干预组在各因子和两维度及心理韧性总水平上的平均分均比干预前有所提高。除支持力这一维度及家庭支持、人际协助两因子外，干预组成员在目标专注、情绪控制、积极认知等因子和个人力维度以及心理韧性总分上差异均十分显著（$p < 0.01$），见表 4。

表 4　干预组前后测量表得分比较

项目	干预组前测		干预组后测		t
	M	SD	M	SD	
目标专注	16.46	3.741	20.75	1.648	−7.414**
情绪控制	18.00	3.563	20.50	2.735	5.550**
积极认知	15.58	2.244	17.63	1.408	−6.247**
家庭支持	17.42	2.552	18.04	2.095	−1.689
人际协助	16.88	3.530	17.29	2.177	−0.756
个人力	50.04	5.026	58.88	3.971	−5.223**
支持力	34.29	5.505	35.33	3.667	−1.329
心理韧性	84.33	8.786	94.21	6.311	−4.038**

　　对对照组前后测的量表得分进行配对样本 t 检验，结果表明，对照组在 5 个因子和 2 个维度及心理韧性总水平上均无显著差异（$p > 0.05$），见表 5。

表5　对照组前后测量表得分比较

项目	干预组后测		对照组后测		t
	M	SD	M	SD	
目标专注	16.13	2.419	15.46	2.553	1.053
情绪控制	18.38	2.810	18.21	3.647	0.173
积极认知	15.75	2.625	14.58	2.501	1.696
家庭支持	16.71	1.853	15.96	2.789	1.238
人际协助	17.46	2.502	18.29	2.404	−1.487
个人力	50.25	4.099	48.25	4.656	1.580
支持力	34.17	2.697	34.21	3.176	−0.062
心理韧性	84.42	5.477	82.83	6.651	0.949

四、讨论与总结

通过参与本次研究的干预组和对照组学生的青少年心理韧性量表前后测得分对比显示，经过8周的表达性艺术治疗团体辅导干预后，干预组成员心理韧性总水平后测结果显著高于干预前测结果，尤其在个人力维度上，目标专注、情绪控制、积极认知等三个因子上的分数提升均十分显著，而对照组学生在前后测得分结果均无显著差异，由此可见表达性艺术团体辅导在干预高一学生的心理韧性水平上是有效的。

本研究表达性艺术治疗团体的设计理念及实践中的互动情况表明，如下四个方面是团体辅导疗效的关键保障。第一，本研究基于团体动力学理论，通过形式多样、充满趣味而富有深度的表达性艺术治疗活动，创建了一个安全友好的团体氛围，这为团体成员提供了一个可信赖、无压力的环境，使得他们更容易打开心扉，分享自己的经历感受，同时艺术化的表达方式既可以绕过语言的障碍，也可以帮助成员们更深层次地触及和处理内在的情感。第二，本研究依据个人弹性理论，通过音乐、绘画、戏剧等不同的艺术形式梳理生命故事，团体成员得以对自己进行相对客观全面的认知，这不仅加强了他们与自己的连接，还加强了团体中的相互理解和支持，帮助每个成员更加客观地看待自己的过去，悦纳现在，积极展望未来。第三，本研究团体辅导的设计分阶段聚焦于提高心理韧性多个维度上的能力，每一周都以不同的艺术形式带出特定的目标，从增强团体成员间的互动、提高意志水平，到提高认知、情感水平，提供了全方位的支持。第四，整个团体辅导过程中，都强调了积极努力维持保护性因素和打破危险性因素的消极认知，表达性艺术治疗提供了一个直观且感性的方式帮助团体成员更新认知，明确方向，当意象和感觉通过艺术表达与纷乱的情境分开时，会给予团体成员一种控制感，疗效因此发生[9]。

此外，从干预组的量表前后测结果发现，在家庭支持与人际协助这两个因子上效果并不明显，具体来说，可能与以下两方面相关。第一，家庭支持方面主要与家庭环境有关，因为本研究持续时间只有 8 周，时间较短，且受客观条件限制，难以与成员父母沟通，难以有效影响成员的父母教养方式。然而，团体成员在梳理生命故事时能够产生思考，发展出新的故事支线，所以此因子较前测在分数上有小幅度的提升。第二，在人际协助这一因子的干预上看，结果不显著可能侧面反映了本研究在活动设计上的不足，尽管全体成员十分乐意并积极配合共同交流沟通，达到了与他人产生连接、安全自在的情感表达的氛围，但也忽略了一些人际交往的核心问题，因此人际协助因子分数尽管有小幅度提升但未达到显著水平，这也提示在未来干预方案的设计上需进一步探索与完善。

综上，得出如下结论：表达性艺术治疗团体辅导可以显著提高高一学生的心理韧性水平，尤其在个人力维度上的目标专注、情绪控制、积极认知等 3 个因子，值得进一步借鉴和推广。

注释

[1] Werner E E , Smith R S .Overcoming the Odds：High risk children from birth to adulthood［ J ］.Ithaca New York Cornell University Press，1992：289.

［2］吕梦思，席居哲，罗一睿.不同心理弹性者的日常情绪特征：结合体验采样研究的证据［J］.心理学报，2017，49（07）：928–940.

［3］于肖楠，张建新.韧性（resilience）——在压力下复原和成长的心理机制［J］.心理科学进展，2005（05）：658–665.

［4］文一，刘琴，张帆，等.青少年心理弹性量表评估中国儿童心理弹性现状的 meta 分析［J］.中国心理卫生杂志，2015，29（11）：826–832.

［5］Reivich K，Shatté A.The resilience factor：7 essential skills for overcoming life›s inevitable obstacles［M］.New York：Broadway books，2002：3.

［6］Friborg O ，Hjemdal O，Rosenvinge J H ，et al.Resilience as a moderator of pain and stress［J］.Journal of psychosomatic research，2006，61（2）：213.

［7］章学云.表达性艺术治疗研究综述［J］.上海教育科研，2018（02）：78–81.

［8］沈佩琦，段玲玲，朱丹.表达性艺术在心理健康课程中的应用可行性分析［J］.心理月刊，2021，16（06）：222–223.

［9］Alonso A ，Swiller H I .Group therapy in clinical practice［J］.Sang Thrombose Vaisseaux，2006，18（4）：199–208.

（本文发表于 2023 年 10 月的《基础教育研究》上，合著作者刘浩恬）

附录4　书法治疗团体辅导在大学生心理健康教育中的应用研究

一、问题的提出

　　大学生的抑郁和焦虑情绪是心理健康教育领域长期备受关注的重点议题。基于2009—2019年10年研究数据的关于中国大学生抑郁症患病率横断面研究的Meta分析显示，中国大学生抑郁症患病率在8.00%～74.00%且出现逐年增高的趋势，而一般人群抑郁症患病率仅5%～6%，大学生的抑郁症患病率明显高于一般人群。[1]一项纳入新冠肺炎疫情前76816名大学生及新冠肺炎疫情后102653名大学生的关于中国大学生抑郁症状的Meta分析显示，疫情后大学生抑郁症状检出率（35.7%）高于疫情前（30.9%）。[2]一项基于对1995—2020年期间70篇我国大学生焦虑研究的106份数据的Meta分析显示，中国大学生的焦虑状况接近中等效应，焦虑状况处于中等水平。[3]大学生的抑郁、焦虑情绪得不到及时有效的疏解时，随时间的推移进一步加剧可能发展成为抑郁症、焦虑症等精神障碍。因此，在高校的心理健康教育中，加强对大学生抑郁、焦虑情绪的干预及培养其掌握有效的情绪管理的方式尤为重要。然而，以往的心理健康教育往往过于依赖课堂理论知识的教授和讲解，而忽视了心理健康教育实践活动的开发和应用，这使得学生难以通过实际体验而掌握情绪调适的方法与技能。鉴于此，当前的心理健康教育亟须转向培养学生掌握更具实践性的方法，帮助大学生更加有效地管理自己的情绪。先前的研究表明,在高校的心理健康教育实践活动中,团体辅导活动的形式以其优异的互动性、灵活性、系统性和实效性,备受学生的青睐,尤其以音乐治疗、绘画治疗等表达性艺术治疗为形式的团体辅导活动,寓专业性与趣味性为一体,对缓解大学生的抑郁、焦虑情绪,帮助大学生更好维护心理健康有着显著的效果。[4-7]

书法治疗是由我国心理学家高尚仁先生在经过长期的临床实践后于20世纪80年代提出的概念,区别于一般的书法练习,书法治疗指的是通过让个体进行书法艺术欣赏和参与书法练习活动,使其获得文化的共鸣、情绪的调适、美好的享受,从而达到心理复健及辅助医治疾病的效果。[8-9]既有的研究发现,书法治疗在心理健康领域具有特殊的疗效,尤其是对个体的抑郁情绪和焦虑情绪的改善。[10-11]研究表明,书法治疗同时包含了语言和非语言的特点,能够完整、具象化地表现出个体的情感特点,对情绪有较大影响。[12]目前,国内关于书法治疗对心理健康维护的研究大多面对的是心理障碍患者、儿童及老年人等特殊人群,很少涉及大学生群体,且主要应用于个体心理咨询与治疗领域,较少强调其团体性及应用于团体辅导之中。

书法治疗能否与高校大学生的团体辅导活动结合,应用于高校的心理健康教育当中,帮助大学生更好地进行情绪管理和自我成长?本研究尝试将书法治疗与团体辅导有机结合,在实证研究的基础上,探讨如何将书法治疗团体辅导应用于大学生心理健康教育活动中。

二、研究对象与方法

(一)研究对象

本研究在某高校对在校生进行招募,参与者均为自愿报名。采用焦虑自评量表和抑郁自评量表对被试进行筛选,选取同时满足焦虑自评量表得分大于 50 分和抑郁自评量表大于 53 分的共计 16 名大学生,随机分为实验组和对照组，每组各 8 名大学生。其中实验组平均年龄 20 岁，男性 4 名，女性 4 名，对照组平均年龄 19.75 岁，男性 3 名，女性 5 名。实验组被试需要保证每周时间充足，不缺席每次团体辅导。

（二）实验工具

1. 抑郁自评量表

抑郁自评量表（self- rating depression scale，简称 SDS）由 Zung 编制，共 20 项题目。量表采用 1 ~ 4 级评分，总分值越高，表明个体的抑郁程度越严重。

2. 焦虑自评量表

焦虑自评量表（self-rating anxiety scale，SAS）由 Zung 编制，共 20 项题目。量表采用 1 ~ 4 级评分，总分值越高，说明个体的焦虑程度越严重。

（三）干预方法

本研究的书法治疗团体辅导以认知行为疗法为取向，结合书法治疗相关理论进行设计，团体性质为封闭式、结构式、成长性团体。团体辅导持续 6 周，每周 1 次，每次 2 小时，具体的干预方法见表 1。

表 1　书法治疗团体辅导方案

节次	单元主题	辅导目标	活动内容
1	有缘千里来相见	团体成员相互认识，建立团体守则	1. 静心三分钟、书法书写破冰活动； 2. 讨论共同目标，制订团体守则； 3. 布置团体作业由成员回去完成
2	发现自己的"小情绪"	培养成员对书法的审美，掌握基本书法运笔技巧；体验书写时的专注感、控制感，获得"美"的欣赏	1. 成员携带家庭作业分享体会； 2. 作品鉴赏观摩，虚拟书写； 3. 现场临摹书写，分享体会； 4. 布置家庭作业：临摹篆书
3	宽严有度	初步掌握书写要求较高的书体；感受成员对情感的不同表达，调整自身情绪	1. 讲解书法范本特点； 2. 成员交换写诗词； 3. 成员鉴赏和分享，感受差异

续表

节次	单元主题	辅导目标	活动内容
4	改变想法	加深对改变认知的理解，调整自己对不良情绪的认知	1. "三栏技术"进行认知训练； 2. 选取三种认知方式的书法作品，体会不同观念带来的变化； 3. 总结分享，承诺反思不合理认知
5	悦纳自我，向心出发	掌握接受自己的方法，对自己做承诺	1. 讲解全然接受法，以"我接受"为开头进行书法练习，成员分享交流； 2. 体验全身心沉浸当下的感受并进行临摹书法练习； 3. 总结分享当下感受及书写过程感受，体验全然接纳感
6	长风破浪会有时	自创书法作品，进行深度思考；对比预期目标和现在的改变	1. 选取儒、释、道及生活经验有代表性的字进行书写讨论； 2. 展示作品，分享想法； 3. 自选字体，写祝福语； 4. 成员谈改变，主带领者活动总结

（四）实验程序

将被试分为实验组和对照组，实验组采取小团体活动的方式，8 人一组进行，团体辅导的带领者一人，设置观察员一名，每次辅导时间为 120 分钟，连续开展 6 周。对照组不进行辅导活动，承诺下学期可参加团体辅导活动。在第一次团体辅导前及最后一次团体辅导后，邀请大学生填写抑郁自评量表及焦虑自评量表。使用 SPSS 23.0 将实验组和对照组的量表得分结果录入，并使用独立样本 t 检验和配对样本 t 检验进行统计分析。

三、研究结果

采用独立样本 t 检验对实验组与对照组大学生在实验前后的抑郁自评量表得分进行差异性检验，结果发现实验前两组大学生的得分不存在显著差异（$t=-0.205$，$p > 0.05$），这说明实验开始前两组大学生在抑郁自评量表得分上是同质的，而实验后两组被试的得分存在显著差异（$t=0.465$，$p < 0.01$）；采用配对样本 t 检验分别对两组大学生实验前后的抑郁自评量表得分进行差异性检验，发现实验组大学生的抑郁自评量表得分配对存在显著差异（$t=7.414$，$p < 0.01$），而对照组大学生的抑郁自评量表得分配对不存在显著性差异（$t=1.016$，$p > 0.05$），且实验组团体辅导后抑郁自评量表得分（45.63）远低于对照组（56.25），见表 2。

表 2　团体辅导前后实验组及对照组抑郁自评量表得分

组别	团体辅导前（M ± SD）	团体辅导后（M ± SD）	t
实验组	58.50 ± 3.20	45.63 ± 5.75	7.414**
对照组	58.88 ± 3.62	56.25 ± 6.58	1.016
t	−0.205	−3.436**	

注："*"表示 $P<0.05$，"**"表示 $p<0.01$，未标注即表明 $p>0.05$，下同。

采用独立样本 t 检验对实验组与对照组大学生在实验前后的焦虑自评量表得分进行差异性检验，结果发现实验前两组大学生的得分不存在显著差异（$t=0.586$，$p > 0.05$），这说明实验开始前两组大学生在焦虑自评量表得分上是同质的，而实验后两组被试的得分存在显著差异（$t=-4.732$，$p < 0.01$）；采用配对样本 t 检验分别对两组大学生实验前后的焦虑自评量表得分进行差异性检验，发现实验组大学生的焦虑自评量表得分配对存在显著差异（$t=8.168$，$p < 0.01$），而对照组大学生的焦虑自评量表得分配对不存在显著性差异（$t=0.643$，$p > 0.05$），且实验组团体辅导后焦虑自评量表得分（42.88）远低于对照组（57.13），见表 3。

表 3　团体辅导前后实验组及对照组焦虑自评量表得分

组别	团体辅导前（M ± SD）	团体辅导后（M ± SD）	t
实验组	59.63 ± 4.44	42.88 ± 5.17	8.168**
对照组	58.38 ± 4.03	57.13 ± 6.77	0.643
t	0.586	−4.732**	

四、书法治疗团体辅导在大学生心理健康教育中的应用效果及路径探讨

（一）书法治疗团体辅导在大学生心理健康教育中的应用效果

本次研究选取了 16 名大学生参与书法治疗团体辅导实验，尽管样本数量相对较小，但研究结果具有重要的参考价值。从抑郁自评量表及焦虑自评量表的前后测数据显示，经过为期 6 周的书法治疗团体辅导实验，实验组大学生的抑郁和焦虑水平都得以显著降低。结合追踪访谈中的反馈可知，参加团体辅导后，实验组大学生的睡眠质量、食欲减退、思考困难、兴趣丧失、空虚感、易激惹等方面都发生了明显的改善，进一步说明书法治疗团体辅导对大学生的抑郁和焦虑情绪进行干预是有效的。

从书法治疗团体辅导的疗效因子上分析，首先，在团体带领者和团体成员相互分享的促进下，团体成员纷纷表示在团体中找到了归属感，感受到被尊重、被包容、被理解。在互相交流沟通中，团体成员发展了共同兴趣爱好，体验到了与他人相似的情感体验，这些体验有利于舒缓负面情绪。[13]其次，团体带领者与观察员观察到团体成员在活动中均能全神贯注地投入到书法书写中。书法书写由于种种知觉、注意、思维和认知活动上的全面、动态和积极的激活作用，使得书写者在毛笔书写过程中，产生高度的注意力集中、思维敏捷、反应加快和认知能量增强等正面效果。[14-15]团体中选取的书法材料深蕴着浓厚的中国文化精髓，并融入了理性情绪疗法的核心理念，团体成员能从中学习到自我情绪调节的原理及方法策略。再次，在团体辅导过程中，从对书法的鉴赏、临摹逐渐到主动创作书法作品的递进，为成员表达自己情绪情感打开通路，用板正的楷书对自己写下庄重的承诺，或用草书抒发心中不快，抑或是用俊逸的行书记录生活中的各种美好体验，有效地辅助团体成员梳理、管理情绪。最后，随着团体的日常作业布置，大部分成员发自内心地将书法发展为自己的一个长期兴趣爱好，也有利于团

体辅导效果的保持。

　　书法是中国的优秀传统文化之一，兼具艺术性和治愈性，也是表达性艺术治疗中国本土化后的一个创新之举。以团体辅导的形式进行书法心理治疗可以让更多的大学生同时参与，通过活动、分享和讨论形成温和包容的环境，让大学生体会到积极的感受，同时学习心理学的原理与知识。书法本身可以发展为一项长期爱好，据本次团体辅导结束后半年的回访发现，大多数成员仍然在坚持练习书法，这一习惯也有利于对抗无目的感、注意力差等大学生普遍存在的问题，从而维护心理健康。

（二）书法治疗团体辅导在大学生心理健康教育中的应用路径

　　书法治疗团体辅导对大学生的抑郁、焦虑情绪具有显著的干预效果，在未来的心理健康教育中，如何更好地将其进行应用及推广，建议可以从以下方式着手。

1. 组建多元化教研团队，开展结构式课程研发

　　为了将书法治疗团体辅导更好地融入心理健康教育体系中，组建一个由一线教师、心理学专家以及书法专家组成的多学科教研团队至关重要。该教研团队的核心职责是将书法治疗团体辅导精心打造成以小班制亲身体验为核心的结构化课程。通过将书法书写中的中国文化的元素及团体辅导中的表达性艺术治疗的优势相融合，形成更具有专业性、体验性、趣味性、互动性等为一体的课程，并通过进一步的教育教学试验，不断丰富和改进活动的形式与内容，以更好地贴近大学生的心理健康维护的需求，深化心理健康教育体验式课程的教学效果。

2. 开展形式丰富的体验式教学，覆盖更多学生群体

　　为了让书法治疗团体辅导能够更好地覆盖更多学生群体，让更多学生从中获益，在开发结构式课程的基础上，可以采用更多灵活的方式开展体验式教学，例如在心理健康教育课程中开设可供选择的实践教学体验；面向全体学生开设通识选修课；在心理学、教育学、艺术学等专业的大学生

群体中开设专业选修课；面向全体学生开展体验式工作坊招募等。通过形式丰富的体验式教学，尽可能地让更多学生有机会参与体验书法治疗团体辅导的形式、过程及其特殊的效果，以此培养学生对书法书写的兴趣爱好，更好地维护学生的心理健康。

3. 组建学生社团，形成朋辈互助的支持网络

为了推进书法治疗团体辅导的常态化、持续性地开展，高校可以组建以书法治疗为主题的学生社团，配备具有相应资质的指导老师，培训一批朋辈辅导员组织开展活动。通过鼓励学生积极参与，投身书法治疗团体辅导的实践体验，形成一个朋辈互助的支持网络。学生可以通过书法书写的方式，分享彼此的经历、情绪体验和所思所想，相互学习和激励。通过社团化、活动常态化的方式，让学生持续地参与其中，既增强对书法治疗的兴趣与投入，又通过朋辈团体互助的方式，激活团体的力量，帮助更多可能有抑郁和焦虑情绪困扰的同学，让书法治疗团体辅导发挥更多其独特的疗效因子，更好地维护大学生的心理健康。

4. 注重宣传推广，创设展示和交流平台

为了让更多的大学生了解和参与书法治疗团体辅导，可以利用各种渠道，如社交媒体推送、校园平面展览等，对相关课程和活动进行宣传和推广。通过建立一个线上与线下结合的展示交流平台，在征得学生同意授权的情况下，定期举办书法作品展览和分享会。这不仅可以增强学生对书法治疗团体辅导形式及效果的认识，激发其参与其中的兴趣，还能通过对书法作品的欣赏和进一步的交流探讨，提升大学生的心理健康的意识和水平，进一步推动书法治疗团体辅导在心理健康教育中的应用和发展。

注释

［1］王蜜源，刘佳，吴鑫，等. 近十年中国大学生抑郁症患病率的 Meta 分

析［J］. 海南医学院学报，2020，26（09）：686-693，699.

［2］翟文海，张琼，闫俊. 新冠肺炎疫情前后中国大学生抑郁症状检出率及相关因素的 Meta 分析［J］. 中国学校卫生，2022，43（7）：1055-1060.

［3］李昌庆. 中国大学生焦虑现状的 meta 分析［J］. 现代预防医学，2021，48（2）：308-311.

［4］万瑛，张乐. 团体音乐治疗对大学生抑郁症状的疗效因子研究［J］. 北方音乐，2020（13）：125-127，257.

［5］郑秋强，罗越昕. 音乐治疗团体辅导对大学生社交焦虑的干预研究［J］. 长春师范大学学报，2019，38（10）：197-200.

［6］王晨光. 绘画治疗对大学生抑郁情绪的干预研究［D］. 南昌：南昌大学，2017.

［7］郑秋强，张淇喆，陈丹妮. 近十年国内绘画治疗研究综述［J］. 中国卫生产业，2020，17（33）：195-198.

［8］胡斌. 书法心理治疗［M］. 广州：暨南大学出版社，2012：9-15.

［9］郑秋强，陈子玫. 书法治疗该如何融入团体心理辅导［J］. 心理与健康，2021（11）：24-25.

［10］高尚仁. 书法心理治疗［M］. 香港：香港大学出版社，2000：357-372.

［11］郑刚，王鹏，刘学兵. 书法治疗对抑郁症的作用［J］. 中国民康医学，2008（05）：470+473.

［12］黎炳锋. 书学之道，修之于心——大学生心理健康教育中的"书法治疗"研究之二［J］. 小说评论，2011（S2）：242-245.

［13］陈熔宁. 叙事团体辅导对大学生社交焦虑的干预研究［D］. 广州：南方医科大学，2018.

［14］高尚仁. 书法心理学［M］. 台北：东大图书公司，1986：81-90.

［15］Chen W，He Y，Chen C，et al. Long-term Chinese calligraphic

handwriting training has a positive effect on brain network efficiency ［J］.
PloS one，2019，14（1）：e0210962.

（本文发表于 2023 年 10 月的《汕头大学学报（人文社会科学版）》，
合著作者为陈子玫、王晓平）

附录5　表达性艺术治疗团体辅导对大学生宽恕水平的干预研究

宽恕是积极心理学研究的热点主题之一，Worthington等人认为宽恕是一系列的动机变化过程[1]，包括对冒犯者报复动机的减弱、与冒犯者疏远动机的减弱以及与冒犯者调解并亲善动机的增加。Enright认为宽恕是对冒犯者减少消极情感、认知和行为且增加积极情感、认知和行为[2]。依照对象划分，宽恕分为自我宽恕和人际宽恕这两个维度，以往的宽恕定义更多指向人际宽恕中对他人的宽恕，即宽恕他人。

近年来，国内外研究表明，随年龄增长，个体的宽恕倾向和态度逐渐增强[3]，低自尊的个体会片面考虑冒犯事件的严重性，因而对他人怀有负面情绪，不愿意宽恕他人；高自尊的个体因为全面认识与评价冒犯事件，从而愿意宽恕他人[4]，同时高宽恕倾向的个体也会具有较低水平的消极情绪、更少的挫折和冲突应激[5]，宽恕倾向水平高的个体，更容易体验到积极情绪，从而获得更高的整体生活满意度与主观幸福感[6]。大学生的宽恕水平高低对其心理健康状况也具有一定的预测作用[7]。宽恕干预可以为提高大学生的心理素质和改善他们的心理状态提供入手角度。

宽恕干预的一般干预模型当中，Enright小组的宽恕干预模型是使用最为普遍的[8]。其中包含了体验伤害阶段、决定宽恕阶段、实施宽恕阶段、深化阶段共4阶段和20个过程。大量研究显示，基于该模型的宽恕干预对促进个体实现对冒犯者的宽恕即提高宽恕他人的宽恕水平有很好的效果。而且，在对曾经有过宽恕经历的个体进行研究时发现，这些宽恕者所描述的曾经的宽恕心理过程和以上模型所描述的阶段也非常相似[9]。另外，对临床工作者的调查研究也同样证实了该模型的合理性[10]。

表达性艺术治疗是指在多种心理学理论的基础上结合了艺术理论，借助多样化的艺术活动形式达到改善不良情绪、自我觉察，提高人际交往能力和人格整合的目的[11]。表达性艺术治疗不仅应用于精神病患的治疗，也常用于一般人群的自我成长与潜能的发掘。近年来，表达性艺术治疗被广泛地应用于心理治疗、高校心理健康教育、灾后心理干预工作以及特殊儿童教育等领域。研究表明，表达性艺术治疗能够有效地帮助大学生从自我觉察、主动参与、团体认同和自觉融入等方面培养团体归属感，也能让个体的自尊水平得到一定提升[12]。表达性艺术治疗的治疗因子可体现在以下四个方面。其一，表达性艺术治疗使用非语言形式进行沟通，在艺术欣赏和创作过程当中可以让被治疗者打开内心世界，释放积聚隐藏的情感和精神压力，其形式避免了语言直白表达的尴尬和难以言说，直击心灵深层的情感，让人能够无阻碍地释放压抑、调节情绪、疏通心灵。其二，在艺术创作过程中，被治疗者可以主动地整合自身的情感和体验，专注其中，将情感投射与艺术创作结合呈现在作品中，创作过程便是治疗的过程。其三，由于治疗师与被治疗者之间可以通过艺术作为媒介保持一定的距离，揭露的过程不会过于直接，能使被治疗者感觉更加安全，降低被治疗者的阻抗程度，同时也避免被治疗者在未准备好被揭露之前伤害到自己。其四，音乐、绘画、舞动、戏剧等艺术形式不同于对答、讨论或量表，可以增加治疗过程中被治疗者的兴趣从而激发其内在动机，又因为与日常生活息息相关，能更好地促进个体自身的健康发展。

因此，本研究基于 Enright 小组宽恕干预模型，设计表达性艺术治疗团体辅导方案，对大学生进行干预，以期提高其宽恕水平。

一、研究方法

（一）研究对象

在广东某高校招募自愿参与团体辅导活动的大学生被试，通过 Hearland 宽恕量表及初始访谈，在平衡性别比例基础上选取 14 名被试分为实验组与对照组。实验组被试 7 人，其中男性 2 人，女性 5 人，实验组被试进行为期 4 周、每周 2 次的团体辅导；对照组 7 人，其中男性 2 人，女性 5 人，对照组被试不进行团体辅导干预，只保持常规在校活动，并承诺一个学期后可参与团体辅导活动。对两组被试的前测宽恕水平分数进行同质性检验，确保两组在实验前的宽恕水平并无显著差异。

（二）研究工具

Hearland 宽恕量表。该量表由 Hearland 编制，包括"宽恕他人"和"宽恕自己"两个维度。量表由 24 个项目组成，"宽恕自己"和"宽恕他人"两个维度分别包括了 12 道题目，采用 7 级评分（1= 完全不符合，7= 完全符合）。此量表的得分越高，则宽恕水平越高，即越容易宽恕他人或宽恕自己。量表内部一致性系数分别为 0.83 和 0.71，总量表的内部一致性系数为 0.87。

（三）干预方法

该团体辅导以 Enright 小组的宽恕干预模型为理论基础并结合表达性艺术治疗进行设计，团体性质为封闭式、结构式、成长性团体。团体辅导持续 4 周，每周 2 次，每次 120 分钟，总共 8 次。

表1 基于宽恕过程干预模型的表达性艺术治疗辅导方案

环节	单元及主题	单元目标	单元活动设计
开始阶段	第一单元：我们的初相识	1. 团体成员彼此认识、熟悉； 2. 建立团体成员之间和谐的关系； 3. 建立团体契约，规范往后的团体进行	1. 热身游戏：大风吹； 2. 自我介绍：个人信息、兴趣以及对团体的期待依据； 3. 歌曲表现我：选出代表自己的歌曲，并分享； 4. 制定团体契约并署名
过渡阶段	第二单元：心相连	1. 建立团体成员之间和谐的关系，感受团体合作的力量； 2. 初步开始探索团体成员生命中的重要事件，为后续伤害事件的揭露做铺垫	1. 热身游戏：指尖魔法； 2. 音乐合奏：标题性和无标题性，并分享； 3. 绘画"生命曲线"：画出生命历程中的重要事件，并分享； 4. 单元反馈分享
体验伤害阶段	第三单元：揭露	1. 更进一步的探索受伤事件； 2. 觉察自身对于受伤事件的过度关注和消极沉思； 3. 感受团体成员对自己的支持力量	1. 团体回顾； 2. 音乐回忆：选择歌曲代表自己对受加害事件的情绪体验，并分享讨论； 3. 音乐想象：放松、平复情绪
决定宽恕阶段	第四单元：新视角	1. 意识到受伤事件发生后的应对方式没有很好的效果； 2. 看到宽恕的新选择； 3. 消除阻碍宽恕的障碍	1. 热身：心有千千结； 2. 绘画1：画出受加害事件后自己的应对姿态、处理方式； 3. 解释宽恕含义，以及选择宽恕的意义； 4. 绘画2：在前一张画纸的背面，画出如果在受加害事件后选择用宽恕来应对会如何； 5. 分享讨论：什么阻碍你选择宽恕
实施宽恕阶段	第五单元：共情	1. 让成员共情加害者的情境性原因； 2. 促进宽恕	1. 舞动热身：镜中人； 2. 心理剧：角色扮演，共情加害者； 3. 单元反馈分享

续表

环节	单元及主题	单元目标	单元活动设计
深化阶段1	第六单元：曾经的我	1.进一步共情加害者；2.引导来访者回想给他人造成的伤害，体会得到他人宽恕的感受，促进来访者宽恕	1.热身：抢椅子；2.六宫格漫画：在白纸左、中、右三部分，分别画上曾经伤害过他人的内容、希望如何弥补以及希望对方如何宽恕自己；白纸上下两半分别围绕宽恕自己、宽恕他人进行分享讨论；3.单元反馈分享
深化阶段2	第七单元：美好未来	1.深化对宽恕的认识；2.看到因宽恕而产生的新的生活目标，看到宽恕实际的积极影响	1.团体回顾；2.音乐创作人：以宽恕的人生意义为主题，成员共同改编一首歌曲，并演唱；3.绘画：宽恕之后新的生活目标，分享并讨论
结束阶段	第八单元：告别晚会	1.整体重温宽恕的过程；2.再次感受团体成员的支持，做好离别的准备	1.整个团体活动的回顾；2.心理剧：共同排演，从伤害事件——宽恕阶段——宽恕后的未来生活的整个过程，讨论分享；3.留在这里：分享最后想要留下什么在团体里；4.告别圆舞曲

（四）统计处理

采用SPSS 23.0进行数据录入和处理，包括描述统计、单因素方差分析、配对样本 t 检验等。

二、研究结果

（一）实验组前后测差异比较

结果表明，实验组的前后测差异在"宽恕他人"和"宽恕自我"两个维度上都达到了显著差异，说明基于 Enright 小组的宽恕干预模型的表达性艺术治疗团体辅导对于提高大学生的宽恕水平是有效的。见表 2。

表 2　实验组前后测差异检验（M±SD）

	前测	后测	t	p
宽恕他人	57.57 ± 6.852	64.57 ± 7.138	−2.928	0.026
宽恕自己	41.71 ± 10.012	56.14 ± 6.543	−3.022	0.023

（二）对照组前后测差异比较

结果表明，对照组的前后测水平在两个维度上都没有显著差异，即随着时间的推移，未进行团体辅导干预的对照组成员宽恕水平没有显著性变化。见表 3。

表 3　对照组前后测差异检验（M±SD）

	前测	后测	t	p
宽恕他人	53.29 ± 8.826	50.71 ± 8.281	1.168	0.287
宽恕自己	44.57 ± 7.764	44.71 ± 5.376	−0.70	0.947

三、讨论与总结

本研究的数据表明，干预后，实验组宽恕水平得到了显著提高，实验组与对照组的后测进行单因素差异分析也显示出显著差异。由此可见，基于 Enright 小组宽恕干预模型的表达性艺术治疗团体辅导对于大学生的宽恕水平提高具有显著效果，也说明 Enright 小组宽恕干预模型与表达性艺术治疗的结合创新具有可行性。

Enright 小组的宽恕干预模型不仅体现在团体心理辅导方案的设计上，在团体心理辅导开展的过程中，也为团体带领者如何根据成员状态的变化及时进行调整提供指导。Enright 小组的宽恕干预模型只需要让团体成员做出宽恕意愿上的承诺，而不需要逼迫成员做出宽恕行为上的改变，不易引起团体成员抗拒的情绪，更容易被团体成员所接受。从成员们在团体辅导活动中的体验变化和领悟宽恕的变化可以看到，从理解宽恕整个概念；到慢慢从角色扮演中共情加害者，明白他们加害行为的情境性原因的影响；再到从过去曾经加害过他人的经历中，明白每个人都会有犯错；再到最后通过宽恕选择而看到未来的美好，来再次加深宽恕的意愿。这一步步的变化都紧贴着 Enright 小组宽恕干预模型所描述的变化过程，印证了干预模型的有效性。以表达性艺术治疗作为团体辅导活动的主要形式，令活动形式更加多元化，能够增进成员对活动的投入程度，也能够令宽恕干预模型的各个环节能够更好地被融合应用。通过音乐作为媒介能够更好地触碰成员内心的情感。在活动中，成员们通过音乐的方式介绍自己，让成员间的互动更加生动并更容易找到共鸣，拉近心理距离；而音乐的艺术形式作为揭露成员们受加害的创伤事件过程中起到的媒介作用，也让成员在自我暴露的过程显得更加柔和易于接受，减少阻抗产生。绘画治疗的形式则能帮助成员们更好地表达隐晦的情绪和想法，不论是前期的"绘制生命线"的活动，或是后期的"六宫格漫画"，以绘画为媒介铺垫后续事件或揭露情感，绘画的过程及相互间的讨论，能够帮助成员把自己的经历和心中的所想所求进行具象化的表达，让其他的成员能够直观地理解，促进了成员之间的交流以及互相支持。舞动治疗在调动成员深入活动方面也有其独到的优势，"指尖魔法"通过一定肢体接触的方式进一步拉近成员们的距离，并让成员感受自己在团体的当下；"告别圆舞曲"让成员切身体会即将分离并回归自己生活的真实感。而心理剧通过角色扮演的形式能够帮助成员换位思考问题，更客观全面地分析整个事件，从而关注到加害者本身，了解其行为的情境性原因，推动实现宽恕干预模型中共情加害者情境性因素的关键环节。

综上所述，在团体辅导活动中，Enright 小组宽恕干预模型与表达性艺术治疗相得益彰，对提高大学生宽恕水平具有显著效果。

注释

[1] McCullough M E，Worthington E L，Rachal K C. Interpersonal forgiving

in close relationships［J］. Journal of personality and social psychology，1997，73（2）：321–326.

［2］Enright R D，Gassin E A. Forgiveness：a developmental view［J］. Journal of Moral Education，1992，21（2）：99–114.

［3］薛艳. 青春期不同阶段宽恕心理发展水平的质性研究［J］. 南京师大学报（社会科学版），2020（6）：75–87.

［4］周炎根，刘贤敏，赵李华，等. 大学生自尊和宽恕的关系：一个有调节的中介模型［J］. 心理学探新，2020，40（2）：188–192.

［5］付进. 不同宽恕类型的大学生情绪对生活应激的影响研究［J］. 广西教育学院学报，2016（2）：117–122.

［6］方必基，刘彩霞，郭建成. 宽恕倾向与大学生主观幸福感的关系研究［J］. 科技视界，2019（33）：66–67.

［7］张建育，贺小华. 大学生宽恕水平与心理健康的关系分析［J］. 中国电力教育，2013（10）：218–219.

［8］郭本禹，倪伟. 宽恕：品德心理研究的新主题［J］. 教育研究与实验，2000（2）：38–43+73.

［9］Knutson Jeanette，Enright Robert，Garbers Benjamin. Validating the Developmental Pathway of Forgiveness［J］. Journal of Counseling & Development，2008，86（2）：193–199.

［10］Thomas W. Baskin，Robert D. Enright. Intervention studies on forgiveness：a meta - analysis［J］. Journal of Counseling & Development，2004，82（1）：79–90.

［11］章学云. 表达性艺术治疗研究综述［J］. 上海教育科研，2018（2）：78–81.

［12］翁洁. 表达性艺术治疗对大学生团体归属感的影响［J］. 福建医科大学学报（社会科学版），2019，20（1）：37–43+69.

（本文发表于 2023 年 11 月的《西部学刊》，合著作者为陈薏悦、杨薇薇）

参考文献

［1］Stephen K.Levine，Ellen G.Levine．表达性艺术治疗概论［M］．新北：心理出版社股份有限公司，2007．

［2］樊富珉，何瑾．团体心理辅导［M］．2版．上海：华东师范大学出版社，2022．

［3］凯西·马奇欧迪．以画疗心：用艺术创作开启疗愈之旅［M］．北京：中国人民大学出版社，2019．

［4］邱鸿钟．原生艺术与心理治疗［M］．广州：暨南大学出版社，2018．

［5］万瑛．团体音乐治疗［M］．重庆：重庆大学出版社，2021．

［6］张勇．音乐治疗学［M］．武汉：湖北科学技术出版社，2010．

［7］琳达晓乔．舞动：以肢体创意开启心理疗愈之旅［M］．北京：中国人民大学出版社，2018．

［8］李微笑．舞动治疗的缘起［M］．北京：中国轻工业出版社，2014．

［9］陈贵玲．戏剧治疗的理论与实务［M］．北京：新华出版社，2021．

［10］高尚仁．书法心理治疗［M］．香港：香港大学出版社，2000．

［11］胡斌．书法心理治疗［M］．广州：暨南大学出版社，2012．

［12］高岚．团体沙盘游戏辅导［M］．北京：中国人民大学出版社，2023．

［13］Rebecca L. Haller，Christine L. Capra．做好园艺治疗的方法［M］．台北：五南图书出版股份有限公司，2019．

后 记

经过一年多的写作与整理，文稿终于提交出版。我深知文稿中仍有待改进和优化的空间，但也明白世上并不存在所谓的"完美"。学习心理学让我学会了接纳自己的不完美，这也是我在这个过程中最大的收获之一。

在此，我要感谢许多给予我支持与帮助的人。首先感谢原来在北京师范大学珠海分校心理中心的同事们，是你们引领我踏入了表达性艺术治疗团体辅导的实践领域。大家热情饱满地投入学习、实践，相互交流，为我奠定了坚实的基础。

特别感谢赴美国芝加哥 AMITA 研修院的学习经历，那段时间不仅开阔了我的视野，更点燃我对这一领域的热情。感谢琳达晓乔老师，您以几十年的坚持不懈，诠释了对表达性艺术治疗的执着与热爱，同时带领我们深入探讨这一领域的丰富内涵。

感谢杨薇薇，我的好同事与好伙伴，我们一起组建强薇心理工作室，一起带领小伙伴们探索表达性艺术治疗团体辅导的奥妙，本书的顺利撰写，离不开你一路的鞭策与鼓励。感谢强薇工作室的小伙伴们，我们每周相聚，一起开启表达性艺术治疗的沉浸式体验，一起探索如何设计改进活动，五年时间积攒下的宝贵经验正是本书活动设计思路的重要来源，那些充满艺术与欢乐的时光值得一辈子铭记。

　　最后感谢一直默默给予我关心的家人们，因为你们的爱，支持我一路前行，探寻更美的风景。感谢所有在我成长道路上给予帮助和支持的领导、老师、朋友、同行，以及参与团体辅导的成员和来访者，是你们让我不断成长、深思，并激励我在这条道路上继续前进。

　　本书的出版受到惠州学院博士科研启动项目"教育领域中的表达性艺术治疗及团体辅导研究"（编号：2022JB077）以及惠州学院 2024 年高等教育教学改革项目"表达性艺术治疗团体辅导在《大学生心理健康教育》混合式课程中的应用探索"的支持，在此表示衷心感谢！

　　谨以拙书，献给所有爱我的人和我爱的人，献给帮助过我的及想要帮我的人！

郑秋强

2024 年 9 月 22 日